불가능하다는이유로
꿈을
포기하진
않는다

불가능하다는 이유로
꿈을 포기하진 않는다

초판 1쇄 발행 1994년 6월 7일
개정판 2쇄 발행 2012년 7월 2일

지은이 · 조병호
펴낸곳 · 도서출판 땅에쓰신글씨
디자인 · 전민영

주 소 · 서울시 서초구 서초3동 1475-3
전 화 · 02)525-7794 / 팩 스 · 02)587-7794
홈페이지 · www.tongbooks.com
등 록 · 제21-503호(1993.10.28)

ISBN 978-89-85738-74-3 13230

불가능하다는이유로

꿈을
포기하진
않는다

"My dream is impossible."
"No, that's just an excuse."

조병호 지음

땅에쓰신글씨

개정판 서문

1988년 시작된 한 영혼 사랑을 위한 '생명뿌리기사역'이 2012년 올해 어느새 25주년이 됩니다. 그동안 크고 작은 일들이 많았음에도 불구하고 어디 아픈 데 없이 건강하게 매년 8월 둘째 주 한 주간 동안 '그곳에 있게' 해주신 하나님께 감사합니다. 그리고 매년 동역해주신 동역자들께 마음 깊은 사랑과 고마움을 전합니다.

그곳에 함께 내려가주신 동역자들이 없었다면 이렇게 25년째 이 사역을 계속 해오기가 쉽지 않았을 것입니다.
저의 약함을 제가 잘 알기에…….

사실 '생명뿌리기사역' 25주년을 맞이하여 작은 행사라도 조촐하게나마 하고 싶었습니다. 그래서 고심 끝에 우리가 일명 '꿈 책'이라고 말하는 『불가능하다는 이유로 꿈을 포기하진 않는다』 개정판을 내는 일로 화려한(?) 25주년 행사를 대신하기로 했습니다.

지난 25년간 저는 박사학위 논문을 제외하고서도 30여 권 정도 책을 썼습니다. 이 '꿈 책'은 저의 두 번째 책입니다. 첫 번째 책은 우리 동역자들과 함께 낸 『풋내기들의 전도이야기』였고요.

열 손가락 깨물어 안 아픈 손가락 없다지만, 『불가능하다는 이유로 꿈을 포기하진 않는다』는 제게는 첫사랑같이 아련하고, 생각만 해도 속이 아리는 그런 아끼는 책입니다.

이번에 개정판을 준비하면서 그동안 묻어 두었던 저의 어린 시절 이야기를 '한 영혼 사랑'이라는 제목으로 정리해서 썼습니다. 처음 이 책을 쓸 때만 해도 조금은 아파서 말할 수 없었던 이야기입니다. 그런데 이제는 말할 수 있을 만큼 된 것 같습니다. 많은 것들이 성경을 통해 해석되었기 때문일 것입니다.

몇 년 전부터는 저의 3명의 자녀들도 함께 무교회지역 사역지에 내려갑니다. 올해 큰 딸아이는 10명의 사역원을 섬기는 진장이고, 작은 딸아이는 진지기로 또 저와 함께 사역지로 갈 것입니다. 그리고 사실 청소년은 아직 사역원으로 적합하지 않은데 막내아들은 불법(?)으로 중학생 때부터 사역에 내려가 미디어 팀의 무거운 장비를 들고 나르며 힘쓰는 일을 하고 있습니다. 막내 녀석은 마을 어르신들과 함께 춤을 얼마나 잘 추는지 잔치 때 한몫을 하기도 합니다. '생명뿌리기사역' 은 이렇게 대를 이어 할 수 있는 멋진 사역입니다. 그래서 모든 분들께 '강추' 입니다.

『불가능하다는 이유로 꿈을 포기하진 않는다』 개정판을 내면서, 한 영혼 사랑은 끝까지 놓지 말아야 하는 가장 소중한 꿈인 것을 더욱 확신하게 됩니다.

이번에 개정판 작업을 하면서 정말 많은 사람들의 얼굴이 스쳐지나갔습니다. 정숙련 집사님 가정, 그동안 사역 갔던 곳들의 어르신들과 꼬맹

이들, 원년부터 사역을 함께했던 동역자들, 후원해주셨던 분들, 그리고
올해에도 함께 그곳에 있을 주의 귀한 일꾼들.

"My dream is impossible." (내 꿈은 불가능해.)

"No, that's just an excuse." (아니, 그건 핑계일 뿐이야.)

2012년 6월 가평 통독원에서

서문

내게 있어
불가능하다는 이유로 꿈을 포기한다는 것은
꿈의 가치를 저버리는 것이다.
그리고 그것은
나를 향한 하나님의 꿈을 저버리는 것이다.

내가 하나님을 향해 할 수 있는 일은 많지 않다.
아니, 거의 없다는 편이 옳을 것이다.
그러나
내가 하나님의 종 되기를 포기하지 않는 이상,
하나님은 당신의 꿈을 마음껏 펼치실 것이다.
열방이 제사장 나라 되고
만민이 주의 백성 되는
그 놀라운 꿈을.

　신학의 문턱에 들어선 지 14년. 그러나 종이라 자신할 수 있기엔 얼마를 더 인내하고 섬겨야 할지 알 수 없는 자가 그간의 부끄러운 행로와 짧은 생각을 글로 옮겼습니다.

　뭔가 썼다는 사실보다 그것이 제게 가져다줄 책임의 무게 앞에 겸손하겠다는 각오로 서투른 펜을 들었습니다.

　일마다 소리 없이 모여 사역하는 동역자들, 저와 함께하는 일이라면 득도 없이 축만 나는데도 발 벗고 나서 주시는 주위 분들께 못다 한 감사를 전합니다.

1994. 6.

목차

한 영혼
사랑

10세 소년
대권 후보 출마의 변

반질반질 윤이 나는 기와집 마루는 어린아이가 하루 종일 기어다녀도 지루할 틈이 없을 정도로 넓었습니다. 아버지는 기와공장과 논밭 합해서 약 200여 마지기 땅을 소유하신 작은 시골 동네부자셨습니다.

어린 제게 천자문을 가르쳐주시면서 회초리를 들고 계셨던 아버지의 모습이 어슴푸레 기억납니다.

그런데 제가 일곱 살 되던 해 어느 날 갑자기 누군가 와서 고래등 같은 우리 기와집을 통째로 뜯어서 전주로 가져가버렸습니다. 그리고 우리 가족은 원래 있던 집 아래에 작은 초가집을 지어 이사를 했습니다.

그날로부터 아버지는 3년을 병석에 누워계시다가 제가 열 살 되던 해에 돌아가셨습니다.

다음해 어머니가 삶의 조건을 받아들이기 벅차셨는지 중풍으로 쓰러지셨습니다. 그렇게 되자 국가에서 저희 가정에 혜택을 베풀었습니다. 첫 번째 혜택은 세금 면제였습니다. 그리고 두 번째 혜택은 밀가루 포대 선물이었습니다.

그런데 두 번째 국가의 혜택인 밀가루 포대 선물을 줄 때에 국가는 꼼꼼하게 국민의 처지를 살피는 것이었습니다. 저희 가정이 국가예산으로 주는 밀가루를 받는데 조건이 맞는지 심사를 다시 한 번 하는 것이지요.

마을이장님은 저희 가정이 꼭 밀가루를 받을 수 있도록 국가공무원인 면 직원이 조사 나오기 전에 친절하게 여러 가지를 미리 학습시켜주셨습니다.

"아야, 이것도 없다 그러고 저것도 없다 그래라."

그때 어린 나이에 이장님이 가르쳐주시는 것을 잊지 않고 잘 기억하려고 얼마나 집중력을 발휘했는지 모릅니다.

당시 열 살짜리 촌뜨기 시골아이였던 제가 이장님께 그 학습을 받으면서 느꼈던 점을 한마디로 기술하라면,

"저는 그때 어렴풋하게나마

개인의 가난과 국가의 역할에 대해 생각해봤습니다."

라고 말하겠습니다.

그러면서

'아, 내가 대통령이 좀 되어야겠다.'

라고 꿈을 정했었습니다.

10살짜리 대권 후보가 탄생하고 있었던 것입니다.

어머니,
나의 어머니

국가가 나서서 저희 가정을 그렇게 챙겨주었음에도 불구하고, 국가의 돌봄만으로 우리 가정의 문제는 해결되지 못하고 있었습니다.

추운 겨울 난방을 충분히 하지 못한 방은 오히려 마루에 걸터앉아 햇빛에 의지하는 편이 나을 정도였습니다.

어머니는 매일

"내가 몸만 안 아프면 나무도 해오고, 밥도 해주고,

빨래도 해줄 텐데……."

라는 팍팍한 노래를 부르셨습니다.

그러던 어느 날 동네 어느 분께서 저희 어머니께 "예수 믿으면 병도 낫고 다 해결된다."라고 기복적인(?) 전도를 하셨습니다.

주일이 되자 어머니는 지푸라기라도 잡는 심정으로 불편한 몸을 이끄시고 우리 동네에서 읍에 있는 교회까지 먼지 풀풀 날리는 신작로 길 4km를 3시간 30분 내지 4시간을 걸어가셨습니다. 버스 타면 5분이면 휘익하고 갈 길을 그렇게 걸어서…….

그렇게 힘들게 걸어서 교회에 도착하신 어머니는 교회에 딱 앉으시는 순간 졸기 시작하십니다. 왜냐하면 너무나 피곤하시니까요. 그래서 한 시간 잘 조시고 12시에 예배가 딱 끝나면 기력을 좀 회복하셔서 다시 그 먼 길을 걸어서 집으로 돌아오셨습니다.

어머니는 버스를 타실 엄두도 내지 못하셨습니다. 어머니의 텅 빈 주머니는 버스를 타는 것은 안 되고, 그저 지나가는 버스를 쳐다보는 것만 가능하게 했기 때문입니다.

5분간 버스를 탈 돈도 없으신 어머니가 교회에 출석하시면서 감사헌금이나 십일조를 제대로 하셨을 리가 없습니다.

감사헌금이나 십일조를 할 수 없는 교인이라면 옷이라도 좀 깨끗하게 입고 와서 목사님 설교 시간에 설교라도 경청해줘야 하는데, 어머니는 설교시간 내내 졸다 자다를 반복하셨습니다. 게다가 신작로 길의 그 많은 흙먼지를 뒤집어쓰셨으니 땀 냄새는 또 오죽 났겠습니까.

그렇게 몇 주 교회에 다니시던 어머니가 저의 손을 잡고,
"아들, 교회 가세."
이렇게 부탁을 하기 시작하셨습니다.

하지만 저는 그런 어머니의 부탁을 들어드릴 수가 없었습니다. 왜냐하면 대통령 될 준비를 해야 했기 때문입니다.

저는 늘 바쁘게 친구들을 모아 리더십을 키우고, 7개 시골 동네를 묶어서 축구대회도 개최하고, 광주까지 가서 트로피 사다가 시상 준비도 하느라 시간이 없었습니다. 학교에서 교내 웅변대회를 개최한다는 공지를 보고 웅변대회 준비에 박차를 가하기도 했습니다.

지금 생각해보면 웅변원고를 쓰느라 원고지를 붙잡고 씨름하면서 저의 글쓰기가 시작된 것 같습니다. 그렇게 혼자 글 쓰고, 뒷산에 올라가 혼자 연습해서 준비하고 나간 첫 번 웅변대회에서 3등을 했습니다.
그리고 그 후 저희 좁은 집에 웅변대회에서 받은 트로피가 쌓여가기 시작했습니다. 그렇게 바쁜 나날을 보내느라 교회에는 갈 시간이 없었던 것입니다.

그러다 저희 집 가까운 곳에 교회가 들어섰습니다. 그러자 그때부터 어머니는 새벽기도에 다니기 시작하셨습니다. 바쁜 제 일상으로 인해 저

는 밤이면 깊은 단잠을 잤습니다.

그런데 그 꿈 같은 단잠을 자는 새벽에 어머니가 가끔 "병호야!" 하고 제 이름을 부르십니다. 중풍으로 오른쪽 몸이 불편하신 어머니가 교회를 가는 길에 언덕을 넘어 가다가 앞으로 넘어지시면 혼자서 겨우겨우 일어나시는데, 뒤로 넘어지시면 누구 도움 없이는 못 일어나시니까 저를 부르시는 것입니다.

그러면 저는 잘 안 떠지는 눈을 비비고 일어나 밖으로 나가 일단 신경질부터 냈습니다. 새벽에 뭐 하러 교회를 가면서 넘어지고 그러시느냐고 말입니다. 단잠을 깬 것도, 그리고 어머니가 넘어지신 것도 다 왕짜증이었습니다.

그러면서 어머니를 일으켜 세워 드린 후 새벽 잠 정신에 교회까지 한 25분을 걸어갑니다.

어머니를 부축해서 걸어가면 그 시간이 걸립니다. 그렇게 도착한 교회에 어머니가 들어가시는 순간 딱 돌아서서 눈 감고 3분 안에 집까지 뛰어옵니다. 조금이라도 더 자려고 말입니다.

그렇게 10년 세월을 보냈는데 저희 어머님이 저 스물한 살 때 세상을 뜨셨습니다.

돌아가신다는 것을 왜 숨을 거둔다고 표현하는지 그때 처음 느꼈습니다. 어머니가 숨을 한 번 크게 들이쉬시더니 내쉬지 않고 끝내시는 것이었습니다. 제 무릎에서. 그런데 어머니는 숨을 거두시면서 제 꿈까지 거두어가셨습니다.

당시 제가 10대에 학교를 다닌다는 것은 쉬운 일이 아니었습니다. 제 시골초등학교 동창들이 80명 정도였습니다. 그중에 20여 명도 채 안 되는 숫자만 중학교에 입학했습니다.

나머지 60명 이상의 동창들은 서울로, 마산으로 떠났습니다. 그리고 그들은 열심히 일해서 설과 추석 명절 때가 되면 일단 자기들이 힘써 일한 돈으로 옷을 사 입고, 자기들이 일해 번 돈을 가지고 쇠고기 두세 근 사서 부모님께 갖다드리고, 선물까지도 들고 나타났습니다.

때문에 저는 저의 10대 10년 동안 설이나 추석 명절 때마다 속으로 눈물을 흘렸습니다.

'내가 왜 이러고 있나.
나도 나가서 일해서 우리 어머니께
쇠고기 한 근이라도 사 드리면 얼마나 좋을까.'
라는 생각이 머릿속에 가득했습니다.

어머니는 밤이면 끙끙 앓기를 자주 하셨습니다. 그럴 때마다 어머니를 병원에 모시고 가고 싶었습니다. 그러나 병원은 환자가 아프다 하여 무조건 갈 수 있는 곳이 아니었습니다.

그래서 저와 세 살 아래 제 동생은 몇 시간씩 어머니를 주물러드리는 밤이 수없이 많았습니다. 어머니를 주물러드리면서 동생과 저는 소리 내서 울지 않으려 무던 애를 썼습니다.

그럼에도 불구하고 공장으로 가지 않고 어금니 꽉 물고 학교를 계속 다녔던 것은 나름의 꿈 때문이었습니다. 대통령이 되려면 초등학교만 나와서는 곤란하겠다는 생각에 중고등학교를 다녔는데…….

그런데 어머니가 돌아가시자 3일 밤낮을 울었는데, 오히려 슬픔은 더 커지고 10대 10년의 꿈은 옅어지고 말았습니다.

어머니,
나의 어머니

슬픔이
너무 커서

정치학을 전공하고 대통령이 되고 싶었던 제 꿈은 그렇게 연기 속으로 사라져버렸습니다. 그래서 신학교에 입학했습니다. 신학교에 입학한 동기가 사명감에 불타서가 아니라, 불손하게도 '슬픔이 너무 커서'였습니다. 그렇게 슬픔을 이기지 못해 신학교에 입학했던 것입니다.

그런데 참~ 인생이 뭔지……,

몇 달 지나니 그 슬픔도 옅어지고 있었습니다.

그러니 이제 정말 큰 고민이 생기게 되었습니다. 신학교에 계속 남아 있어야 하나 하는 문제입니다. 아무리 생각해도 맨정신으로는 해결의 기미가 보이지 않았습니다. 그래서 밤에 학교 뒷산에 올라갔습니다. 아차산이라는 산인데 거기에서 뭔가 울부짖기라도 해야 했습니다.

그건 제대로 된 기도도 아니고, 따지는 것도 아니고, 하소연도 아니고, 그저 울부짖음이었을 것입니다. 민중가요 중에 〈타는 목마름으로〉라는 곡이 있습니다. 제 상태도 목마름으로 몸이 타들어갈 정도였습니다.

그렇게 시작된 산기도(?)가 6달 이상 계속되었습니다. 그런데 어느 순간, 응답을 받았습니다. 그런데 그 응답이 시원한 답이 아니라
"……같아."였습니다.

두 가지 응답인데요.
"첫째는, 하나님이 살아계시는 것 같아.
둘째는 성경이 하나님의 말씀인 것 같아."였습니다.
'~이다.' 가 아니라 '~같아.' 이었지만,
그래도 제게는 마중물같이 최소한 죽지 않을 만큼의 생수였습니다.

이후 돌이켜보면, 그 마중물이 없었더라면 오늘날 저는 없었을 것입니다. 몇 년 치 양식을 쌓아두는 창고가 생긴 것은 아니지만, 일용할 양식으로 죽지 않게는 된 것입니다.

그래서 그 다음날 아침부터 성경을 붙잡았습니다. '하나님이 살아계신 것 같아' 가 아닌 '하나님은 살아계시다' 라는 것을 확인하고 싶어서 말

입니다. 그런데 성경의 사건 이해는 고사하고 인명, 지명 등의 낯설음 탓에 마치 사막 한가운데 서 있는 것 같았습니다.

그 가운데서 성경을 읽으면 읽을수록 아주 중요한 것 같은데 도무지 느낌이 쉬 잡히지 않는 것은 '한 영혼 사랑'이었습니다.

그렇게 밤낮으로 성경을 읽다가, 폭풍 속에서도 깨지 않고 주무실 만큼 피곤한 몸을 이끄시고 그 밤에 거라사 광인 한 사람을 찾아가시는 예수님의 한 영혼 사랑에, 뛰는 제 가슴을 주체할 수 없게 된 것입니다.

그러면서 손 곁에 있던, 그러나 멀리만 있던 것 같은 성경이 제 마음 곁으로 조금씩 다가오는 것을 느끼게 됐습니다.

그렇게 학부 4년 동안 성경 읽는 일과 밤에 학교 뒷산에 가서 기도하는 일을 쉬지 않았습니다. 그러면서 당시 5공 시절 80년대 대학생들의 정의사회 구현(?)에 항거하는, 민(民)이 주인임을 주장하는 외침도 소신을 가지고 외치느라 열심히 광화문거리와 수유리 4.19 탑을 뛰어다녔습니다.

그렇게 학부를 졸업하고, 신학대학원 시험에 합격한 상태에서 군대를 다녀왔습니다. 제대 후 신학대학원 복학을 앞두고 교육전도사로 부임하기 위해 어느 교회에 이력서를 제출했습니다. 그런데 몇 가지 결격사유가 문제였습니다.

제 부모님이 교회의 항존직이 아니시고, 호남출신 교역자는 좀……,
데모 경력도 좀 있고…….

그래서 최소한 1년간만이라도 자비량으로 '한 영혼 사랑'을 실천해보
는 것이 좋겠다는 생각을 그때 하게 되었습니다. 그러던 중 당시 장로회
신학대에 〈지리산선교동지회〉의 지리산 무교회지역 사역에 대해 듣게 되
었습니다. 경상남도를 중심으로 한 지리산 근방에 복음화율이 너무 낮고
복음전도자의 발길이 아직 닿지 않은 곳이 많다는 것입니다.

안 그래도 주님의 몸 된 교회에까지 들어와 있는 지역감정 문제에 대
해 고심하던 중이었는데, 지리산 무교회지역 이야기는 주님이 제 귓전에
"가라."고 직접 들려주시는 말씀 같았습니다.

'한 영혼 사랑'에 대한 생각으로
제 마음을 주체할 수 없게 만드신 주님,
지리산 무교회지역으로 인도해주시는 주님,
호남 출신 전도자로 준비시키셔서 영남으로 인도해주신다?
제 가슴이 뛰었습니다.

한 영혼
사랑

1988년 제 나이 만 27세 때, 지리산 무교회지역으로 1년 52주 자비량 사역을 하던 가운데 가장 소중했던 기억은 쇠고기와 관련된 이야기입니다.

당시 서울 광장동에서 경상남도 산청군 신안면 외고까지 가려면 버스를 4번 갈아타고 9시간을 내려가야 했습니다. 1988년 한 해 동안 52번을 그렇게 했습니다.

매주 토요일 새벽에 서울을 출발해서 오후에 외고에 도착하고, 다음날 주일 아침 타지에서 그 마을로 시집오신 성도 한 분(정숙련 집사님)과 마주 앉아 둘이서 주일예배를 드렸습니다.(그 댁 4명의 아이들과 함께 주일학교도 시작했고요.) 반경 2km 내에 1,300여 명이 사는 마을에 예수 믿는 분은 그분 한 분이셨기 때문입니다.

둘이 주일예배를 드리다가 급한 일이 생기면 예배도 잠시 중단했다가 다시 이어서 또 드리는 일도 일어나곤 했습니다. 보통 교회에서는 상상도 할 수 없는 일이겠지요. 그 교회가 제가 개척한 첫 교회입니다. 하이기쁨교회는 제가 두 번째로 개척한 교회이고요. 지금도 외고 땅 그 교회는 주님의 돌보심으로 잘 자라고 있습니다.

외고에서 그렇게 둘이 주일예배를 드리는 것은 물론이고, 주변 306세대 가운데 어려운 몇 가정들을 돌보는 것이 저의 중요한 목회였습니다. 그래서 저는 52주 동안 가능하면 찾아 뵙는 모든 가정에 쇠고기를 사다 드리기로 마음먹었습니다. 이왕 자비량을 하려면 그렇게 하고 싶었던 것입니다.

당시 쇠고기 한 근에 9,700원이었습니다. 제가 왕복 차비하고 쇠고기 한 근 사는데 매주 3만 원이 소요되었습니다. 저는 12달 동안 매달 자비량으로 15만 원을 만들었는데, 놀랍게도 한 번도 쉬운 기적은 없었습니다. 그래서 늘 입에 단내가 났습니다.

한번은 형편이 어려운 집에 속하는 어느 어르신 댁에 가서 콩 타작을

도와드리고, 멍석도 말아놓고 서너 시간 머물다가 나오면서 쇠고기를 꺼내서 마루 위에 올려놓고 나오려 한 적이 있습니다. 그런데 그 어르신이 눈치를 채셨습니다.

"저거 뭐꼬?"
"아, 어르신 국이라도 한 끼 끓여드시라고요."
"가져가이소."
찬물을 끼얹은 분위기였습니다. 그렇다고 가져올 수는 없어서
"아, 어르신 제가 다음에 와서 또 찾아뵙고 가겠습니다."
"가져가라 안 카나."
순간 제가 오히려 걸음을 서둘렀더니,
"가져가라카이!"
그러면서 그 쇠고기를 제 머리 쪽으로 확 집어던지셨습니다.

제가 그 일을 겪으면서 돌아서서 그 쇠고기를 줍는 그때만큼 그렇게 뒷골이 땅겨 본 적이 제 평생에 없었던 것 같습니다. 제가 한 영혼 사랑이라는 소망으로 그곳까지 내려가지 않았으면, 그 어르신의 그 정도 소리치심(?)에 눈 하나 깜짝할 사람이 아닙니다.

열다섯 살 때 저희 동네에서 새마을운동을 하면서, 길가 집들에 대한 땅값 지불없이 조금씩 양보(?)하여 동네 길을 넓힐 때가 있었습니다. 길

건너편에 있는 집 땅은 조금 들어가게 하면서 저희같이 가난한 집은 더 들어가게 하는 것을 보고 도대체 형평성에 맞지 않고, 옳지도 않다고 판단이 들어 마을 분들이 모여서 점심 먹고 막걸리 한 잔 마시면서 쉬고 있는 곳에 찾아가 큰 소리로 따졌던 그렇게 당돌한 아이였습니다. 그러자 마을 어른들이 어린놈이 뭘 아느냐고 야단을 치셨습니다.

그때 "틀린 건 틀린 거잖아. 나쁜 놈들아!"하고 의자 들고 덤벼들었다가 맞아죽을 뻔한 일이 있을 정도였습니다. 저는 그렇게 어려서부터 간이 좀(?) 부었었습니다.

그런데 그 어르신이 쇠고기를 제게 내던지셨을 때 그것을 주워 나오면서 그 어르신 댁 싸리문 바깥에서 서너 시간을 멍하니 서 있었습니다. 어찌할 줄을 몰라 하며 말입니다.

만약 제가 지난주에 어르신 댁에 와서 식사 한 끼 얻어먹고, 이번 주에 또 콩 타작도 도와드리고 멍석도 말아드리고 식사 한 끼 얻어먹고, 그 다음주에 쇠고기를 사왔더라면 딱 좋았을 텐데…….

그러면 저 어르신께서 언짢아하지 않으셨을 텐데…….

"내가 잘못했다. 내가 잘못했다."
한 영혼을 받음직하게 섬긴다는 게 뭔지.

9시간 동안 차를 4번이나 갈아타고 내려가서 기껏 한 일이 이런 일이라니……. 그 쇠고기를 던지시는 그 어르신의 심정조차 헤아리지 못하면서…….

그때 생각을 아주 많이 바꿨습니다. 누군가를 섬기겠다고 하는 일이 그분의 자존심을 상하게 하면서 하는 일이라면 오히려 하지 않은 것만도 못하다는 것을 말입니다. 상대방이 받기에 불편하지 않을 만큼 섬김이어야 한다는 것을, 다시 말해 받는 사람의 입장에서 받는 것이 불편하지 말아야 한다는 것을 깨달았습니다.

사도 바울이 자기가 개척한 교회들을 경쟁까지 시켜가며 헌금을 거두어 가난한 예루살렘 교회에 가져다주는 일이 성경에 기록되어 있습니다. 그 일로 사도 바울이 심한 말을 듣기까지 했지요.

그럼에도 불구하고 사도 바울은 '평균케 하기 위해' 경제적으로 힘이 있는 교회가 가난한 교회 성도들을 도와야 한다고 생각했습니다. 그렇게 해서 거둔 헌금을 예루살렘 교회에 전달하러 가면서 사도 바울이 기도를 부탁합니다.

첫 번째 기도 제목은, 이 많은 돈을 가지고 가는 길에 행여 강도를 만나거나 해서 빼앗기는 일이 없도록 기도해달라는 것이었습니다.

둘째는, 예루살렘 교회 성도들이 구제헌금을 받으면서 자존심 상하지 않게, 다시 말해 받음직한 섬김이 되게 기도해달라는 것이었습니다.

그 어르신 댁 쇠고기 사건은

이후 제 사역의 핵심이 되었습니다.

한 영혼 사랑의 핵심은

바로 '받음직한 섬김'에 있다는 것을 말입니다.

1988년 1년이라는 기간을 정해 한시적으로 무교회지역을 섬기려던 저의 계획은 실패(?)하고 말았습니다. 1년이 아니라 25년째 계속되고 있기 때문입니다.

1988년 1년 52주 외고사역은 마침표를 찍었지만, 매년 8월 둘째 주 한 주간 '생명뿌리기사역'으로, 매년 겨울방학 한 주간은 '물주기사역'으로 계속 이어지고 있습니다.

생명뿌리기사역의 출발은 1988년 8월 둘째 주에 시작되었습니다. 서울에서 약 40여 명의 청년들을 외고로 내려오게 해서 그 마을을 집중적으로 섬기는 일을 했던 것입니다. 그리고 이후 6개월에 걸쳐 그 마을 꼬맹이들과 편지를 주고받다가, 이듬해 겨울방학에 지리산 외고마을 꼬맹이들을 서울로 초대했습니다. 그 사역의 이름을 '물주기사역'이라 정했던 것입니다.

그런데 1989년 여름 8월 둘째 주에도, 그 다음해 8월 둘째 주에도 생명뿌리기사역은 계속되었습니다. 물론 물주기사역도 마찬가지이고요. 아직도 한반도 무교회지역이 많이 남아 있기 때문입니다. 제게는 무척이나 행복한 사명이라 생각하고 계속하고 있습니다.

몇 년 전부터는 제 두 딸과 아직 어린 막내아들까지도 함께하면서 말입니다.

생명뿌리기사역에서 하는 가장 중요한 일은 그 마을에 머무르는 일주일간 마을 어르신들의 발바닥을 주물러드리는 일입니다. 제가 10년 동안 저희 어머니에게 겨우 해드린 것이 발바닥 주물러드린 것밖에 없어서 그 일을 가장 잘할 수 있다고 생각했기 때문입니다.

어머니 세상 뜨시고 하지 못했던
바로 그 일을
이 땅에 계신 모든 제 어머니들께 다시 시작한 것입니다.

8년 동안의 영국 유학 생활 기간에도 8월 둘째 주가 되면 무슨 일이 있어도 사역지에 내려갔습니다. 그 일을 멈출 수가 없었기 때문입니다.

지난 25년간 1년에 한 주간은 산청, 거창, 의령, 함양……. 그 시골마을에 내려가서 어르신들의 발바닥을 주무르는 일을 쉬지 않고 했으며, 앞으로도 평생 할 생각입니다.

2009년 8월 14일에 저는 경상남도 함양군 명예군민이 되었습니다.

참 기뻤습니다. 25년간 지리산을 들락거리면서도 시간 내서 천왕봉 한 번 못 올라가 보았고, 성경을 수백 번 읽고 성경공부 교재를 쓰면서도 성지순례 한 번 못 가보았습니다. 그만큼 정말 바쁘게 시간을 쪼개며 한 영혼 사랑에 매달렸습니다.

그러나 제가 받은 사랑에 비하면 저의 한 영혼 사랑은 아직도 부끄럽기 그지없습니다. 그럼에도 이렇게 저의 부족한 이야기를 드러내는 이유는 올해도 어김없이 찾아올 8월 둘째 주 그곳에 여러분과 함께하고 싶어서입니다.

평생 농사일로 굳어질 대로 굳어진
어르신들의 딱딱한 발바닥이지만,
발바닥 주무르기 어렵지 않습니다.

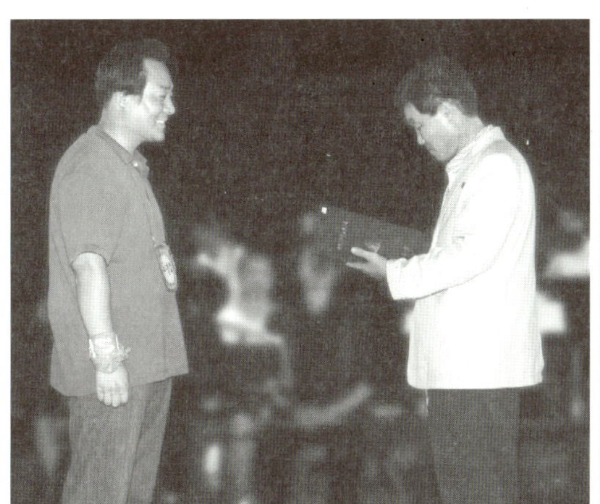

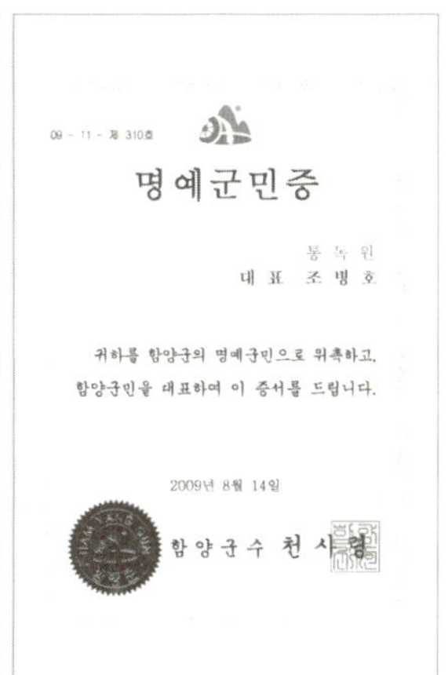

2009년 병곡면 송평마을 병곡초등학교 운동장

2009년 8월 14일
경상남도 함양군 명예군민
조병호

꿈을 위한

소묘

보스포루스
다리

　모든 사람들이 '서울 올림픽'이 열렸던 해로 기억하는 1988년 새해 아침에 저는 서울에서 제 고향으로가 아닌 경상도 땅 지리산자락 생비량으로 가기 위해 고속버스에 몸을 실었습니다. 서울을 출발한 지 9시간 만에 경상도 땅에 도착했습니다.

　미리 연락을 드렸던 생비량교회 목사님 댁에서 하룻밤 신세를 졌습니다. 저의 무교회지역에서의 한 영혼 사랑이 시작되는 밤을 말입니다.

　그리고 다음날 이른 아침 지리산 깊숙한 마을들, 즉 무교회지역을 둘러보았습니다. 결혼은 눈에 콩깍지가 씌어야 한다고 하지 않습니까? 그만큼 좋아야 한다는 표현이겠지요. 몇몇 마을 가운데 외고마을이 제게는 그런 곳이었습니다. 첫눈에 반한 나의 무교회지역 첫사랑이 된 것입니다.

외고마을은 경남 서부 내륙의 3번 국도에서 8km 들어간 지점에 위치하고 있습니다. 한반도 남단에 위치한 지리산은 소백산맥의 등줄기로 전라북도의 남원과 전라남도의 구례, 경상남도의 산청, 거창, 함양군을 마치 옷자락으로 덮고 있는 듯한 곳입니다.

그 지리산 끝자락의 하나인 경상남도 산청군 신안면 외고는 산간에서는 보기 드물게 넓은 들이 펼쳐져 있고 그 사이로 양천강 줄기가 굽이쳐 흐르고 있었습니다.

외고에서 가장 가까운 교회가 이웃면에 있기는 했으나, 거리가 멀기도 하려니와 타면이라는 인식 때문에 선뜻 가기 어려웠을 것입니다. 손바닥을 위로 펴 오므려 놓은 것 같은 형세에 외고, 소이, 내고, 벽계, 방동으로 나뉘어 있는 306세대 1,300여 명이 살고 있는 외고는 아직 발자국이 하나도 나 있지 않은 한겨울의 눈길 같은 곳이었습니다.

저는 마음을 굳히고 1년이라는 짧은 기간이지만 그곳에 땀과 눈물을 쏟아보리라고 작정했습니다. 외고마을에서 토양 고르는 일을 시작하기로 결심한 것입니다.

토양 고르기. 처음부터 그것이 목표였습니다. 저의 1년간의 사역 목표는 1년 동안 동네 어르신들을 잘 섬김으로써 교회에 대한 좋은 이미지를 남기고 물러 나오려는 계획을 가졌던 것입니다.

그렇게 사역지를 정하고 나니 해가 뉘엿뉘엿 지고 있었습니다. 그래서 그날 밤은 황등으로 옮겨 또 하룻밤 신세를 지고 다음날 서울로 돌아왔습니다. 그리고 토요일을 기다리기 시작했습니다. 설레는 저의 첫 데이트를 말입니다.

사도 바울이 전도여행을 떠나면서 이런 마음이었을까 하는 생각을 많이 했습니다.

제가 태어난 곳은 전라북도 고창군 월산이라는 창녕 조(曺)씨 집성촌입니다. 그곳에서 초등학교, 중학교, 고등학교를 나왔고, 어머니 돌아가신 후 서울의 신학교에 입학했기 때문에 그 전에 특별히 경상도를 가볼 기회가 없었습니다.

한 영혼 사랑을 실천하고 싶은 가슴으로 동서 지역감정을 뛰어넘어보겠다는 그런 마음으로, 저에게는 마치 아시아와 유럽의 경계를 잇는 보스포루스 다리를 건너는 심정이었습니다.

아시아의 소아시아 반도와 유럽의 발칸 반도는 지중해와 흑해를 잇는 에게 해를 사이에 두고 나누어집니다. 비잔티움은 이 두 곳에 걸쳐 있는 도시로, 주후 313년 콘스탄티누스 황제에 의해 동로마의 수도, 콘스탄티노플이 된 이후 동서 화합 시도의 상징이 된 곳입니다.

콘스탄티노플의 동쪽은 아시아에, 서쪽은 유럽에 속한 도시였기 때문입니다. 그 도시 중앙을 가르는 에게 해의 보스포루스 해협을 건너지르는 다리가 1973년에 마침내 완공되었고, 보스포루스 다리는 유럽과 아시아를 이어주는 다리가 된 것입니다.

마치 바다가 중간에 가로 놓인 것과 같은 영남과 호남 사이. 두 지방 사람들에게 모두 높다랗기만 한 소백의 등성이. 저는 '외고'라는 다리를 통해 영남과 호남 이 두 곳을 넘나들게 된 것입니다.

한반도의 좁은 울타리 안에서의 작은 나뉨을 건너뛰어 서부 경남을 몸으로 사랑하는 첫 장소였던 외고. 그곳은 저에게 있어서는 영남과 호남이 만나는 보스포루스 다리와 같은 곳이었습니다.

1999년 생명뿌리기사역
경상남도 함양군 백전면. 전라북도 남원시 아영면
(백전초등학교 운동장)

아영면에 큰 기쁨을…
백전면에 큰 기쁨을…

차 시간과
차표

　　1988년은 서울올림픽이 열리는 해였던지라 유난히도 교통량이 많았습니다. 지리산 철쭉이 유명하다는 5월초 무렵이나 설, 추석 명절은 제게는 참으로 힘든 시기였습니다. 서울에서 지리산으로 내려가는 것이야 하루나 이틀 전에 예매를 해놓은 차를 타면 되는 것이었으나, 서울로 다시 올라오는 경우에는 예매를 하루 전에 해놓는다손 치더라도, 좀 더 해야 할 일이 있어서 시간이 지체된다든지 하여 차를 놓치고 나면 그 다음은 그야말로 대책 없이 전국 일주를 하면서 올라와야 하는 것이었습니다. 진주에서 대구로, 대구에서 대전으로, 대전에서 서울로…….

　　1988년 4월 17일은 대학동기 결혼식이 있었습니다. 물론 그동안 토요일에 있는 결혼식에는 아예 참석하지 않았지만, 그 친구와는 좀 각별한 사이여서 얼굴을 꼭 내밀어야 했습니다. 결혼식이 오전 11시이기에 그 전날 12시 표를 예매해놓고 식장을 들러 신랑 되는 친구만 잠시 보고 곧장 고속터미널로 향할 작정이었습니다. 그런데 이 친구 저 친구 만나다보니 10여 분 정도가 지나 버렸습니다.

안 되겠다 싶어 곧장 뛰어나가서 전철을 탔는데 시간계산을 해보니 영 아슬아슬한 것입니다. 마음이 급하기 이를 데 없었습니다. 고속버스터미널 지하철역에 도착하니 고속버스 출발 5분 전이었습니다. 대개의 경우 출발 시간에서 2분 정도는 늦춰지니 뛰면 될까 하면서 급히 뛰어 올라갔습니다.

12시 1분, 헐떡거리며 3층 진주행 자리로 달려갔으나 버스는 보이지 않았습니다. 순간 속에서 명확하지도 않은 화가 치밀어 올랐습니다. 다른 때는 3분도 늦게 출발하더니 이게 뭐람…….

한참을 멍하니 서 있다가 표를 들고 티켓 판매하는 곳으로 가보았더니 다음 차 예매 전광판에는 4시 30분차로 불이 켜져 있었습니다. 1분 늦었는데 4시간 반을 기다려야 한다니 또 화가 났습니다.

예매했던 표를 매표소 창구에 들이밀며 4시 30분표를 달라 하니 50% 밖에 환불이 안 된다는 것입니다. 육천사백 원이니 삼천이백 원을 더 내라는 것이었습니다.

단 1분 차이로 버스를 놓치고, 4시간 반 동안 강남고속버스터미널에서 마음을 삭이고, 진주에 밤 10시 30분에 겨우 내렸습니다. 진주 시외버스 터미널에 도착하니 10시 45분. 그러나 그때는 이미 산청행 버스는 끊긴 후였습니다.

어떻게 가는 방법이 없을까 하고 어두운 진주 시내에서 왔다 갔다 하니 시간은 자꾸 더 늦어지고 해서 하는 수 없이 5,000원 주고 택시를 타서 밤 12시 5분에야 겨우 외고에 도착할 수 있었습니다.

정 집사님 댁에서는 불을 환히 켜놓고 무슨 일이 생기셨나 하고 걱정을 하며 기다리고 계셨습니다. 열두 시간 반 동안 누구를 향해선지 모를 화만 잔뜩 내고서는 골방에 들어가 쓰러지듯 그냥 그렇게 잠이 들어버렸습니다.

차 시간과 차표.
이것은 주말이 가까워지면 저를 긴장하게 만드는 많은 것들 중 하나였습니다. 한두 명 모이는 주일예배를 드리러 오가는 길이 그리 순탄치만은 않았던 것입니다.

우동 한 그릇과 바꾸어버린 쇠고기 한 근

　여섯 시간의 고속도로 여행 중 두 번 정도의 쉬는 시간은 기다려지는 시간이었습니다. 바람도 쐬고 화장실도 다녀오고 말입니다.

　출발하는 시각이 토요일 이른 아침인지라 장신대 기숙사에서 동가식 서가숙하는 저로서는 아침 먹기가 힘들었습니다. 때문에 서울에서 한참을 달려 내려와 금강 휴게소에 쉬게 되면 간단한 요기라도 하고 싶었던 것입니다. 그런데 그게 번번이 하고 싶은 대로 되지는 않았습니다.

　한 주일의 사역비가 30,000원가량인데 15,000원 정도를 왕복 차비로 쓰게 되고, 15,000원 정도로는 요셉이(정 집사님의 막내아들) 좋아하는 스낵 한 봉지부터 소외된 가정을 돌보기 위해 작정한 쇠고기 한 근을 사는 데

소용되었습니다. 자비량하기로 마음먹고 달려든 사역임에도 장막 짓는 기술도 없는 저는 매주 30,000원 만들기가 그렇게 쉽지만은 않았습니다.

외고가 사회, 문화 혜택으로부터 소외된 곳이지만 어느 집단이든 그렇듯이 이곳에서도 상대적으로 더 소외된 가정들이 있게 마련입니다. 그래서 그 이십여 가정을 택했고 주로 이 가정들을 작게나마 돌보며 섬기는 일을 하기로 작정했습니다.

섬기는 일이라 해야 찾아가서 곡물 켜는 일이라든지 작은 손놀림이라도 거들거나 그 집 아이 공부 한 자 봐주는 일 등이었습니다.

그런데 그렇게 찾아가 살림 형편을 보게 되면 안타까움에 속이 상해 돌아오게 됩니다. 그래서 댁으로 찾아가면서 빈손으로 가기보다는 말로만의 위로가 아닌 실제 보이는 무엇으로 위로가 되고 싶었습니다.

그래서 할 수 있는 일로 생각한 것이 쇠고기 한 근 정도를 사서 한 주에 한 댁씩 가져다 드리고 싶었습니다.

한 번은 계산을 맞추어 보니 탈탈 털어 25,000원만 준비가 되었습니다. 그중 15,000원은 깎을 수 없는 경상비용이다 보니 그 주에는 10,000원만 남았습니다. 그 10,000원으로 9,700원 하는 쇠고기를 한 근 사서 성식이 집에 가져가야 할 차례였습니다.

성식이는 중학교 1학년인데 소이둑에서 조금 들어간 안골에 열다섯 가구가 옹기종기 얽히고설킨 마을에 살고 있었습니다. 44세이신 아버지는 노동 일을 하시고, 어머니와 4학년인 동생 현영이, 이렇게 네 식구가 손바닥만한 밭을 일구며 방 한 칸에 부엌 하나 딸린 집에 살고 있었습니다.

방 벽은 붙어 있는 신문지보다 노출된 흙벽 면이 더 많았고, 부엌은 20년 전 우리 시골집 부엌과 별다를 바 없었습니다. 백철 솥이 걸린 두 개의 아궁이와 대나무로 얼키설키 엮어 벽과 나무 두 개를 세워 묶어 사용하고 있는 부엌 시렁엔 그릇가지 몇 개만 가지런히 놓여 있었습니다.

계산을 그렇게 맞춰 놓았는데 금강 휴게소에 내리자 아침부터 눌러 온 식욕이 급하게 밀고 올라오는 것을 누를 길이 없어졌습니다.

스낵코너 앞에서 엉거주춤 서 있다가 결국,
"우동 하나요."
하고 1,000원을 내놓아 버렸습니다.
우동 한 그릇을 식탁에 올려놓고 감사기도도 하는 둥 마는 둥 하곤 정신없이 마시듯 비워버리고 말았습니다.
그러나 뒷맛이 영 개운치 않았습니다. 계산해 보나마나 이제 700원이 부족해 쇠고기 한 근 사는 것은 물 건너갔기 때문입니다.
조금만 참았으면 되는 것인데……

그날 오후 소이 둑길을 걸어 성식이 집에 도착했습니다. 아무도 없었습니다. 그냥 방문을 열고 들어가 고르지 못한 방바닥에 무릎을 꿇었습니다. 그러나 더 이상 기도가 나오지 않았습니다.

쇠고기 한 근이 이 가정에 가져다줄, 그런 대로의 작은 기쁨이 될 수 있었을 텐데. 제가 우동 한 그릇과 바꾸어버렸기 때문에…….

주님께보다 성식이 집 식구들에게 한없이 미안한 마음이 들었습니다.

외고 24시

패기 왕성한 젊은 청년이었던 제가 1년간 52번 서울에서 지리산을 오가며 사역함에 있어서 힘들었던 것은 건강상의 문제가 아니었습니다. 사실 마음대로 여행하기 위해서 세계 어느 곳을 가더라도 두려워하거나 겁낼 것이 없습니다.

하지만 저는 1988년 한 해 동안은 지리산으로 내려가기 전 주일이 다가오면 장신대 기도탑에 올라가 단 삼십 분이라도 하나님 앞에 무릎 꿇지 않을 수 없었습니다.

그래야만 지리산 외고까지 내려갈 수 있었습니다. 외고 땅을 밟기 전까지의 시간은 아무 문제가 없습니다. 그러나 외고에 도착하는 그 순간부터는 시집 온 새색시가 시집 식구 모두의 눈치를 보듯 - 물론 이 눈치는 눈총은 아니지만 - 몸 둘 바를 모르는 모습으로 바뀌었기 때문입니다.

예수 이름을 안 꺼낸다면야 젊음을 내세워 저의 여러 모습을 부담 없이 내보이고 또 경우에 따라 추스를 수도 있겠으나, 외고마을 분들 앞에서 주님의 이미지는 전적으로 저에게 달려 있으니 저의 운신이 조심스러울 수밖에 없었습니다.

혹시 면의 공무원으로 그 지역을 방문한다든지, 학교 교사가 되어 그 마을에 내려갔더라면 그렇게 노심초사하지 않아도 되었을 것입니다.

저의 친지나 친구가 전혀 없는 곳인 타향의 텃세가 무서워서 그랬던 것도 아닙니다. 한 영혼 사랑의 마음으로 내려가는 그 마을의 마을 분들께 정말 조신하게 잘 보이고 싶었던 것입니다.

그런 마음으로 외고에 도착하면 저는 곧장 저의 베이스캠프(?)인 골방으로 직행해 들어가자마자 엎드려 또다시 무릎을 꿇었습니다.

제가 외고에서 마을 분들께 얻고 싶은 것은 다름 아닌 마음이었습니다. 그렇기 때문에 그분들 앞에 생각 없이 나설 수 없었던 것입니다.

저는 이곳 마을 분들께 마음에 드는 자가 되어야 한다는 생각에 붙들려 있었으므로 그분들의 일거수일투족에 어느 하나 신경 쓰지 않는 부분이 없을 정도였습니다.

외고의 모든 분들이 저에게는 하늘 같은 '어른'이셨습니다. 그래서 먼 발치에서라도 마을 분의 형체가 느껴지면 멀리서도 인사한다는 시늉이 전달되도록 넙죽이 먼저 인사하고, 서로의 목소리가 들릴 정도로 가까이 다가섰을 때 다시 한 번 허리 숙여 인사를 드리는 일이 제겐 중요한 일이었습니다.

이런 일이 몇 번 거듭된 후에야 마을 분들 사시는 집 문전까지 가 볼 수 있게 된 것입니다.

물론 제가 마음속으로 얼마나 조심스러워하고 또한 겁내는 것하고는 아무 상관없이, 작은 정성, 즉 인사 하나 반듯하게 올렸다는 이유로 제게 따뜻하게 대해주시는 분도 많았습니다.

어느 날 소이 둑 저편 마을에 있는 인석이라는 아이네 집에 갔습니다. 그 집안 어르신께 인사드리고 좀 가까워진 후 인석이와 이런 저런 이야기를 하며 사귀어 보았습니다. 중학교 3학년인 인석이와 30분 정도 이야기를 나누고나니 인석이가 제게 호감을 표했습니다.

저는 분위기가 적절하다 싶어 나오는 길에 어르신께 말씀을 여쭈었습니다.

"저, 어르신. 내일 아침에 제가 있는 곳으로 인석이를 잠깐 보내주시면 어떻겠습니까?"

어르신께서는,
"다른 애 하나 구해보소!"
하시는 것입니다.

그 시점에서 의당 듣겠거니 하고 미리 각오를 해두지만, 막상 그 순간
엔 민망함을 넘어 위축되기까지 했습니다.

이렇듯 아이 하나를 가까이하는 일도 쉽지가 않았습니다. 어른들이 허
락을 하셔야 하기 때문입니다. 아이들이 저를 만나고 싶어도 부모님의
허락 없이는 안 되는 것이었습니다. 그러니 아이들과 아무리 철석같이
약속을 해도 그것은 반쪽짜리 약속밖에 되지 않았던 것입니다.

어른들께 다가가서 이것저것 물으면서 대화의 물꼬라도 트게 되면 어
느 정도 됐다 싶을 때가 있습니다. 그때 용기를 내어 복음을 말하면 몇 마
디 들어보시고는 한 말씀하십니다.

"우리는 해당 없소."

내고에 심재열이라는 23세의 청년이 있었습니다. 그는 외고 전역에
있는 아홉 명의 청년 중 한 사람으로, 부모님이 안 계셔서 동생들 셋과 더
불어 고향을 지키고 있었습니다.

저 또한 비슷한 형편임을 내세워 그와 가까이하게 되었는데 그를 여덟 번 이상 찾아가 만나서야 겨우 그로부터 '전도사님'이라는 칭호를 들을 수 있게 되었습니다.

'전도사님' 그 소리를 듣던 날 얼마나 좋았던지…….

청출어람

마을에 청년들은 거의 없지만 그래도 아이들은 좀 있는 편이었습니다.
주일학교 오전 9시 정기 멤버로 선주, 선영, 선경, 요셉이 네 명이었고
착한 제숙이, 가게 집 미남이 등이 더 있었습니다. 그 외에 가끔 빠지기는
하지만 현영이나 채정이도 참석할 때가 많았습니다. 선경이는 9시가 넘
도록 TV를 보다가 엄마에게 야단맞고서야 들어오는 경우도 종종 있었습
니다.

골방에는 책상 크기만 한 흑판을 하나 걸어놓고, 그 옆에 종이 비닐로
된 차트를 달아놓았습니다. 아침 9시부터 10시까지는 정말 즐거운 시간
입니다.

"싹트네 싹터요 내 마음의 사랑이……."
"빵빵 뿡뿡 빵빵 빵 뿡뿡 야호 야호 라라라 랄라……."

율동에 소질도 없는데다 율동 강습 한번 받아 보지 않은 제가 율동 선생님까지 했으니 할 때마다 율동이 달라지는 것입니다. 아이들은 매번 달라지는 창조적인(?) 저의 율동을 따라오느라 애를 썼습니다. 하지만 어쨌든 신나는 시간이었습니다.

한번은 날씨가 좀 궂어서 그랬는지 토요일 저녁 늦게 잠이 들었습니다. 보통 주일 아침도 6시 30분 정도에 일어나 잠깐 묵상 시간 후, 잠시 후면 만날 아이들을 데리러 가거나 마중 나가는 일로 9시 전까지의 시간을 보내곤 했습니다.

그런데 갑자기
"전도사님요, 9시 넘었으예."
"뭐?"
시계를 들어 확인해보니 9시 7분이었습니다. 힘이 쫙 풀렸습니다.

후다닥 이부자리를 치우고 세수하러 주섬주섬 나오는데 제숙이가 지붕 처마 밑에서 비를 피하고 서 있는 것이었습니다. 어찌나 민망하고 부끄러웠는지 모릅니다.

비가 부슬부슬 내리는데 제숙이와 채정이는 이미 와 있으면서 제가 일어나기를 기다리고 있었던 것입니다.

아이들은 문 앞까지 와서 기척 없이 들여다보고 제가 아직 자는 것을 확인하고는 그냥 기다리고 있었던 것입니다.

이렇게 속 깊은 제자들이 세상에 또 어디 있을까요!

저는 그들에게 미안하다고 말해야 했습니다.

1988년 신안면 외고마을 골방

속 깊은 제자들
선주, 선영이, 선경이,
요셉이, 제숙이,
미남이, 현영이, 채정이…

27년만의
첫 외출

오전 10시까지 아이들과 시간을 보내고 난 후, 20분 정도는 담 너머 텃밭 사이를 오가며 말없이 발걸음을 옮겨놓는 시간을 습관적으로 가졌습니다. 아스팔트 길에서도 길가에 흙길이 조금 나 있으면 그 길을 택해 걷는 버릇이 있으니 텃밭 샛길은 더할 나위 없이 좋은 산책로였습니다. 흙을 만지며 살아온 지난날이 있어 그런지 흙을 밟는다는 것은 저를 편안케 해주는 일이었습니다.

참으로 얼마 만에 주일예배에 한 식구가 늘었습니다. 다름 아닌 스물일곱 살의 정자 씨입니다. 태어날 때부터 뇌성마비였던 정자 씨는 친척과 동네 분들에게까지 가려진 채 문창호지를 통해서만 찾아와주는 햇볕과 사귀고 추위와 만나며 긴 세월을 살고 있었던 것입니다.

그녀 자신의 의지로나 누군가의 도움으로 방문 밖을 나서서 바깥세상을 구경해본 적이 없었던 것입니다. 제가 그녀를 접할 수 있었던 것은 행운이었습니다. 왜냐하면 저는 정자 씨 같은 한 영혼을 위해서 외고에 내려가는 것이나 다름없었기 때문입니다.

두 달 정도를 집으로 정자 씨를 찾아갔습니다. 그런 딸의 모습이 담장 밖으로 알려지는 것을 썩 내키지 않아 하셨던 부모님께서는 제가 드나드는 길의 문턱을 자꾸 높이셨습니다. 그 심정을 모르는 바가 아니었습니다.

정자 씨를 밖으로 끌어내는 데 어려움이 있었던 것은 그 가족들이 쌓는 장애물 때문만은 아니었습니다. 제 속에서도 박힌 못이 상흔으로 남아 있었기 때문에 제 속의 장애물이 또한 문제였던 것입니다.

20여 년 전 고등학교 때의 일입니다. 제가 살던 곳은 행정구역상으로는 읍이었지만, 읍 중심권에서 10여 리 정도 떨어져 있는 곳이었습니다. 그때 저는 읍에 있는 고등학교를 다니고 있었습니다.

하루는 방과 후 친구들과 어울려 시장통에 있는 빵집으로 향하고 있던 중이었습니다.

학교 앞으로 곧은길이 나 있고, 시장 쪽으로 가려면 그 길의 중간쯤에서 오른편 골목으로 꺾어져야 합니다. 책가방을 옆구리에 찬 6,7명이 우르르 몰려가고 있는데 그만 길 저 편 끝에서 어머니께서 이쪽으로 천천히 오시는 것을 보게 된 것입니다. 어머니를 발견한 그 순간이 바로 시장으로 향하는 오른편 골목으로 꺾어지기 직전이었습니다.

저는 아무 말 없이 어울려 오른편으로 발걸음을 틀고 말았습니다.

아마 그때 사람이 아무도 없었고 어머니와 저 둘만이 바로 그 장소에서 다시 봤다면, 불편하신 몸으로 오랜만에 읍까지 나오신 어머니가 반갑고 안쓰러워 달려가서 덥석 붙들었을 것입니다. 그러나 무심결에, 아니 순간적으로 오른편으로 움츠려 꺾어든 것입니다.

그날 이후부터 제 안에 지금까지도 아픈 못이 박혀 있었던 것입니다.

그러니 안팎의 장애물 사이에서 두 달여 기간을 그냥 보내고 있었던 것입니다. 그러나 결국 뛰어넘자는 쪽으로 마음을 굳혔습니다. 비록 정자 씨가 보고 싶어 동경하는 세상이 그리 아름다운 곳만은 아닐지라도 그녀에게 적어도 예배 자리에 주님과 두셋의 성도와 함께하는 기쁨을 주고 싶었던 것입니다.

이제 서로에게 용기가 필요했습니다. 저에게도, 정자 씨 부모님들께도. 그분들로서는 여간 힘든 결정이 아니었을 것입니다. 정자 씨는 리어카에 깔린 엷은 캐시밀론 이불 위에 앉아 문밖 세상을 만나게 된 것입니다.

정자 씨 집인 용흥에서 골방 예배 처소까지의 논 사이 도로를 달려올
참이었습니다. 리어카를 끌고 문간을 나왔습니다.

"정자 씨, 좋아요?"

"그럼, 그렇고말고요!"

정 집사님께서 정자 씨를 거들며 물으셨습니다.

"억수로 좋지?"

20여 미터 나와 찻길에 접어들자 그녀는 소리를 지르기 시작했습니다.

"야, 길이다!"

"논이다, 벼다!"

그때 마침 한 시간 반에 한 대씩 지나가는 차가 지나가고 있었습니다.

"야, 차다!"

저는 그냥 나지막이 같이 따라 소리를 지르고 있었습니다.

"그래, 길이다."

"차다."

그날 예배는 따뜻한 햇살을 이불 삼아 마당에 깔린 멍석 위에서 드려
졌습니다. 그날의 예배는 엄숙함이 아닌, 몇몇이 함께 하나님 앞에 서 있
는 기쁨 그 자체였습니다. 정자 씨의 웃음이 찬양이요, 반주요, 설교였습
니다.

단계장터 돼지국밥

　들녘에 보리가 누렇게 여물어가는 주일 오후였습니다. 선주 아버님은 경운기를 손질하고 계셨습니다. 선주 아버님이 신나는 제안을 하나 하셨습니다. 그날이 이웃면 단계 5일장이 열리는 날이니 장에 가서 장 구경도 하고 돼지국밥 한 그릇씩 사 먹자는 것이었습니다.

　아주 좋았습니다. 어려서부터 장 구경은 좋은 볼거리였기에, 그때 생각이 나 기대가 되었습니다. 경운기에 여남은 되는 사람들이 올라탔습니다. 10리 정도를 경운기를 타고 갔습니다. 귀 밑으로 스치는 외고의 바람은 여느 때보다 상쾌했고, 느끼하게 미끄러지는 자동차 대신 달달거리는 경운기의 미동이 기분 좋게 온몸에 전해졌습니다.

혼자 마을의 골목을 다니면서는 아무래도 이방인의 태를 못 벗은 것으로 보였을 수도 있었겠지만, 이제 5일장을 맞는 이 마을 분들의 정취에 함께 젖어 그분들 속에 섞여 있음이 어찌나 기쁘던지…….

단계장터 구경을 한 후 돼지국밥 한 그릇씩을 모두 비웠습니다. 토요일 아침부터 곯아 온 배를 얼큰한 국물로 가득 채웠습니다. 오늘 저녁 서울에 올라가서는 또다시 밥 대신 학교 뒤 아차산 약수 몇 바가지를 들이켜야겠지만, 허기진 오후를 돼지국밥 한 그릇이 풍성하게 해주었던 것입니다.

미가서에 보면 백성이 말씀은 관심 밖에 밀쳐놓고, 누가 말하기를 어디서 무슨 음식 잘한다더라 하면 그 소문은 기억해두었다가 실천한다고 미가 선지자가 야단치는 장면이 나옵니다.

미가께서 어찌 생각하실지 모르지만 저는 아직도 단계장터 그 식당의 털이 덜 뽑힌 돼지국밥의 기억을 지울 수가 없습니다.

장례도 끝났으예

개나리, 진달래가 만개한 4월 첫 주. 토요일 아침 일찍 아차산 기슭을 따라 잠시 산책을 하고 내려와 주섬주섬 가방을 챙겨 들고 외고로 향했습니다. 차창 밖으로 모판 짜기 일손들이 대꼬챙이 어르기에 바쁜 모습들이었습니다.

그날도 서울에서 출발한 지 9시간 만에 외고에 닿았습니다. 방에 가방을 두고 나와 자전거를 타고 양천강 둑을 따라 안골로 들러서 소이 몇 가정을 둘러보고 다시 오니 저녁 8시쯤이 되었습니다.

골방에 들어 앉아 성경을 읽고 있는데 정 집사님이 방문을 두드리셨습니다.

"전도사님요, 등광에 가십시다."
"예?"
"간경화로 복수가 차신 분이 진주병원에서 퇴원해서 왔다카대예."

피곤한데다 시골에서는 9시만 넘으면 한밤중인지라 그렇게 썩 내키지는 않았습니다. 하지만 환자에게 찾아가 보자는데 어찌하겠습니까? 그런데 잠깐이지만 다른 고민도 생겼습니다.

"성경을 들고 가야 되나, 말아야 되나."

전도사가 심방 가면서 성경책을 들고 가는 것은 당연한 것이지만 그때 그 마을 상황에서는 그게 그렇게 간단치만은 않았습니다. 심방 가는 길에 빈손으로 갈 수도 없고. 하지만 무엇을 마땅히 살만큼 돈도 없고 해서 멋쩍어하다가 그냥 손전등 하나 챙겨 들고 문을 나섰습니다.

등광까지는 논길을 가로질러 한 서너 리 됩니다. 등광은 외고에 포함된 지명인데 외고 반경에 포함된 세대 중 소이리 땅을 상대적으로 많이 소유하고 있는 20여 세대가 촌락을 이루고 있는 곳입니다.

경운기가 지나다닐 수 있도록 닦아놓은 농로를 따라서 걷고 있었습니다. 손전등을 들었지만 밤하늘에 수놓아져 있는 별들과 찰 만큼 찬 달이 들녘을 골고루 비춰주고 있었습니다. 울퉁불퉁한 길에서 걸음걸이를 배운 저는 어두운 길을 별 불편함 없이 짚어 갔습니다.

10여 분 정도 걸어 움찔거리며 마을 어귀에 들어섰는데 우리 발걸음을 그 좋은 귀로 알아차린 온 집의 개들이 사정없이 짖어대기 시작했습니다. 어귀로부터 세 번째 집 문간에 다다르자 옷매무새 가다듬을 틈도 주지 않은 채 그 집의 개가 손님 왔노라고 집 안에 고해주는 바람에 집 쪽에서 먼저, "거 누구요?" 하고 물어왔습니다.

집 문에 들어서자 더 움츠러들었습니다.

반듯하게 지어진 집 토방에 웬 신발들이 그리도 많은지…….

겨우 쭈뼛거리며 툇마루 쪽에 신발을 벗고 올라서 방 안으로 들어섰습니다. 서너 평 남짓 되는 방 아랫목에 돌돌 말은 이불에 엇비슷 기대고 계신 분이 숨을 힘들게 몰아쉬고 계셨습니다. 주위에는 20명 정도 되시는 분들이 둘러앉아 계셨습니다. 그날 일손을 끝낸 마을 분들이 모두 와 계신 것 같았습니다.

방에 들어선 저는 관심의 대상이 되지 못했습니다. 믿는 가정에 전도사가 심방했다면 하나님께 기도할 수 있는 사람이라 하여 꼭 필요한 사람대접을 받지만, 하나님도 모르고 그 하나님과 친하다는 전도사가 누구인지도 모르는 그에게 저는 아무 소용이 안 되는 존재였던 것입니다. 그냥 와주는 것 자체 이상의 아무것도 아니었습니다.

저는 허리를 있는 대로 구부려 인사를 드리고는 구석 발치에 무릎을 꿇고 앉았습니다. 50대 중반으로 보이는 그 아저씨는 얼굴이 핼쑥하고 복수가 찰 만큼 차신 분이었지만 골간이 뚜렷해 보이는 분이셨습니다. 많이 지친 듯한 그분은 둘러앉으신 분들이 안타까움과 위로의 마음으로 쏟아 놓는 말들에서 그래도 소망의 가닥들을 잡고 싶어 하시는 것 같았습니다.

그분들의 대화 속에 저는 전혀 낄 자리가 없었습니다. 어떻게든 도움이 되었으면 하는 마음으로 나름대로 가지고 있는 처방전들을, 당신들이 알고 계신 소문의 신빙성을 근거로 내세워 "무슨 약이 좋다더라."는 식으로 서로 돌아가면서 말씀들을 하셨습니다. 계속되는 처방들…….

"그래도 지난 한 달 전보다는 많이 좋아졌구만그려."
"누구는 무슨무슨 풀뿌리를 먹고 복수가 좌악 빠졌디야."
"검은 콩과 검은 깨를 여섯 달 먹고 깨끗이 나았다드만.
너무 걱정 마."

그러나 애정 어린 관심뿐이지 말씀하시는 분도, 들으시는 분도, 그 이야기를 듣고 있는 제삼자들도 그 처방 자체에 큰 기대를 두지는 않는 것 같았습니다. 그런데도 서로들 고개를 끄덕이며 그 안타까운 시간들을 달래고 있었던 것입니다.

저 또한 거기에 묻혀서 고개를 끄덕이고만 있어야 했습니다.

30분쯤 흘렀을까. 문득 왼쪽 엄지발가락이 허전해서 만져보니 양말 사이로 발가락이 삐져나와 있었습니다. 양말을 끌어내려 덮고 손으로 발가락을 쥔 채로 얼마를 더 보낸 후 옆에 계신 집사님께 나가자는 표시를 했습니다.

오가는 대화중에 잠시 말미가 나자, 저는 이때다 싶어 무릎으로 걸어 구석에서 그 아저씨 곁으로 다가섰습니다. 방 안의 많은 시선이 제게 몰렸습니다.

두 손으로 그분의 오른손을 잡았습니다. 무슨 말을 해야 할지……. 그래서 얼떨결에 그저,

"또 찾아 뵙겠습니다, 어르신."

하고 겨우 인사를 드리고 그 방을 나왔습니다.

마을 어귀를 나와 다시 농로에 들어섰습니다. 밤이 깊어졌는지 달빛은 더 밝아졌고 인간이 만드는 소음은 아무것도 들리지 않고 밤의 적막만이 무겁게 깔려 있었습니다. 저는 피하고 싶은 순간을 어서 모면하려는 듯이 성큼성큼 발걸음을 옮겼습니다. 한참을 걸은 뒤 제가 먼저 집사님께 말을 꺼냈습니다. 그 짧지 않은 시간 동안 그냥 앉아만 있다가 나온 것에 대해 이유를 대야 할 것 같아서 말입니다.

"저 어르신, 한 두어 달 정도는 사실 것 같습니다."
"그-래-예? 제가 보기엔……."

아마 병원에서 그 다음 준비를 하라고 퇴원을 시킨 모양이었습니다. 하지만 제가 한 두어 달이라는 시한을 말할 때에는 그래도 설마 하는 마음에서 그리 말한 것이었습니다.

어느 누구이건 그렇게 쉽게 죽지 않을 것 같은, 아니 그랬으면 하는 바람이 기본이기에 금방 숨이 끊어질 듯한 사람 앞에서도 어지간한 강심장이 아니고는 곧 죽을 것 같다는 말을 하기가, 죽음이라는 현실을 인정하기가 힘든 것이니까 말입니다. 그래서 그 '두어 달' 이라는 것도 실은 상당히 섬뜩한 쪽에 가까운 마음으로 말한 것이었습니다.

저는 이미 그분이 돌아가실 것을 전제하고 가장 효과적인 기회를 포착할 계획을 갖고 있다고 집사님께 말하고 싶었습니다. 그 야밤에 한 시간 반을 무위로 보낸 것의 정당성을 강변하고 싶어서 그랬습니다.

"처음 며칠은 온 동네 분들이 몰려오셔서 관심을 가지시겠지만 차차 며칠이 지나면 발길이 뜸해질 것입니다."
"예."
그냥 수긍의 대답을 하실 수 있는 틈만을 주고 저는 말을 계속 이어갔습니다.

동네 분들의 관심이 별 수 없이 뜸해질 때, 그분이 인간의 위로에 대한 소망이 끝나는 바로 그 시점에 찾아 뵙는 것이 효과적일 것이라고…….

저는 어려서 경험하기를, 어머님이 쓰러지시니 모든 이들이 하루 이틀 사이에 다 다녀와서 둘러보고는 그 후에는 아프다는 사실 자체를 현실로 인정하는 모습들을 보았습니다. 그럴 수밖에 없음이 당연합니다.

그러므로 잠시의 기대가 허물어지는 그때가, 기왕의 기회보다 효용 가치가 높을 것이라고 열심히 주장을 폈습니다. 집에 도착해 골방으로 들어가 이불을 둘러 감았을 때는 11시쯤이었습니다.

다음날 서울에 올라왔습니다. 그리고 다시 한 주간을 보내고 토요일 여느 때처럼 싱싱한 봄기운을 느끼면서 외고에 도착했습니다. 평온한 봄이었습니다.

걸음을 옮겨 대문을 들어서는데 정 집사님이 부엌 쪽에서 나오시면서 저를 보자마자 하시는 말씀이,

"전도사님요, 그분 돌아가셨으예.

장례도 끝났으예."

그분이라니……, 장례라니……. 문 디딤돌을 건너 딛고 있던 저는 순간 그만 주저앉고 싶었습니다. 아니 쥐구멍이라도 들어가 얼굴을 묻고 싶었습니다. 내가 뭐 하러 9시간을 내려왔는지. 집사님 볼 낯은 고사하고

하나님 앞에, 아니 끝나버린 그 영혼 앞에 타는 듯한 얼굴을 들 수가 없었습니다.

죽음의 언저리를 지켜보며 죽음의 문제에 대한 생각으로 신학의 문턱에 들어선 이래 그렇게도 허망한 적은 없었습니다. 9시간 내려와 9시간 올라 다니면서도 그래도 제 발걸음이 가치나 의미가 있으려니 생각해왔던 것이 일순간에 무너져 내려버렸습니다. 멍한 시간이 지나자 괴롭기 시작했습니다.

저의 18번째의 외고사역은 그렇게 허망의 터널을 지나고 있었습니다.

드로아의 절망 속에서
피어오른 꿈

그날 오후 서울로 올라오는 고속버스에 몸을 실었습니다. 몸은 버스 안에 있었지만 제 생각은 어제 문간에 들어서던 그 시점에 붙박인 채 조금도 움직이지 못하고 정지해 있었습니다. 벗어날 기운도 없었습니다.

한 영혼 사랑의 긴박성. 적어도 그분 앞에서 생명의 긴박성은 제게 크나큰 무게였습니다. 지쳐 잠이 들었습니다. 칠흑 같은 어둠 속에서도 고속버스는 씽씽 잘도 달렸던 모양입니다. 현풍을 지나 대구 못 미쳐 지남 정도였을까. 눈을 들어 목적 없이 차창 밖을 건너다보았습니다.

차가 길 따라 약간 휘어지면서 주위가 바뀌는데 뭔가 희미한 게 보이기 시작했습니다. 사방이 산중인 도로변에 다름 아닌 십자가의 붉은 네 온이 빛을 발하고 있었던 것입니다.

그때 저에겐 유난히도 큰 십자가였습니다. 순간 정지했던 생각이 다시 움직이기 시작했습니다.

'저 십자가 철탑 아래에서 오늘 저녁 누군가가 예배를 드렸겠지.
저 산중에 사람 없이 교회당이 저절로 세워지지는 않았겠지.
저곳에 십자가를 세우기 위해서 누군가의 헌신이 있었을 테니.
시멘트 반죽 위에 보이는 벽돌을 쌓아 올려 예배당을 짓기 전에
누군가의 땀과 눈물 반죽으로
보이지 않는 시간과 정성을 쌓아 올렸을 게 아닌가.'

십자가 철탑 밑에 쌓여진 눈물과 땀을 느끼면서 저는 그제야 내일로 피할 곳을 찾았습니다.

십자가 위에서 다시 움직임을 시작하기로 결심했습니다. 이제 생명의 긴박성은 저에게 더 이상 유보해야 할 문제가 아니었습니다. 장기적인 대안 운운하며 보류될 성질의 것이 아니라는 확신을 가지게 된 것입니다. 그래서 마음을 굳혔습니다. 남은 기간 더 열심히 하되, 생명의 긴박성을 해결할 농축적 사역을 하기로 말입니다.

저 혼자 1년이라는 한시적 기간 동안 외고의 모든 이들에게 생명을 전

한다는 것은 무리인고로, 짧은 한시적 시간이나마 농축적으로 이 생명사역에 동역해줄 인력을 찾기로 했습니다. 모든 것이 흐릿하기는 했지만 한 가지만큼은 분명히 붙들었습니다. 한번 '밥 먹고 생명의 긴박성을 해결해보자' 는 것이었습니다.

여기까지 생각이 정리된 채 52번 가운데 18번째의 외고사역이 끝났습니다.

다음날 학교 로비에서 만나는 친구마다 여름방학 중 한 주 동안만이라도 함께할 사람을 찾아주든지 아예 그런 사람이 되어주든지 하라고 부탁을 하기 시작했습니다.

몇몇 친구로부터 약속을 받았습니다. 사정이 허락되는 친구들도 생겼고, 참여하겠다는 의사를 밝혀오는 청년들도 생겼습니다.

장신대에서 신학 수업을 같이한 김찬형, 김창환, 이진혁 그리고 당시 가장 큰 힘이 돼주었던 어느 교회 청년회 회장 등이 적극적으로 함께하게 되었습니다. 지금도 그들은 제게 너무나도 소중한 친구들입니다.

바울이 2차 전도여행 중 무교회지역인 소아시아 드로아에서 복음을 열심히 전하다가 뜻대로 안 되어 절망하고 버거운 짐을 지고 있을 때 마게도냐 사람의 환상을 보고 유럽 전도의 기회를 갖게 된 것이 성경에 기록되어 있습니다.

1989년 차황면 철수마을

생명뿌리기사역 동역자들
'소중한 친구들과 함께'

바울의 절망 속의 탄식이 그에게 새로운 출발을 가능케 했다는 사실은 제게 큰 위로요 격려였습니다.

52주 동안 20가정을 섬기는 것으로 끝나버리고 말았을 수도, 저 혼자는 불가능하다고 포기해버릴 수도 있었던 무교회지역 외고를 결코 포기하실 생각이 없으셨던 것입니다.

어쩌면 주님은 저의 절망 속에서
당신의 꿈을 함께 꾸기를 원하셨는지도 모르겠습니다.
외고 온 땅의 모든 사람이 생명을 듣게 되는 그 꿈을……

뿌리기사역의
시작

　1주일간의 사역의 형태와 틀은 간단했지만 생각은 많아야 했고 준비의 손놀림은 더욱 바빠야 했습니다. 40여 명이 5월부터 준비에 들어갔습니다.

　1주일간의 사역은 집단의 형태를 빌리나 1대1을 원칙으로 했습니다. 마을 전체를 공간으로 활용하고 마을 분들의 사정에 따라 무슨 일이든 발생할 수 있으므로 프로그램을 - 오전은, 오후는 하는 식으로 - 허술하리만치 헐렁한 계획으로 세웠습니다.

　대신 수십 명이 갑자기 내려와 온 마을을 예고도 없이 휘젓고 다니면 안 될 것 같았습니다.

그래서 신고식으로 화요일에 어르신들을 모시는 경로잔치를 먼저 하기로 했으며, 마을을 떠나기 전날인 금요일 오후엔 남녀노유 모든 마을 분들을 모셔서 소찬을 대접하는 것으로 생명뿌리기사역을 마무리 짓는 것으로 정했습니다.

그리고 여기에 사용되는 모든 비용은 자비량을 원칙으로 하기로 결정했습니다.

드디어 8월 둘째 주.
40여 명의 젊은이들이 외고로 내려갔습니다.
사역원 모두에게 새로운 일들이었으나 부족한 대로 할 일을 해내고 있었습니다. 저 혼자 의기소침하여 다니던 논둑을 이제 동역자들과 함께 뛰어다니며 외고마을을 섬기고자 애를 쓰고 있었던 것입니다.

월, 화, 수, 목요일 사역을 지나 이제 금요일 마을잔치를 시작했습니다. 4개 마을 모든 분을 모실 만한 마땅한 장소가 없어 양천강 물이 양쪽으로 조금씩 흐르고 그 사이 넓은 모래 자갈밭이 드러나 있는 들녘 한가운데로 마을 분들을 모셨습니다.

삽과 괭이로 돌을 골라 땅을 평평히 다져놓은 후 서너 집에서 멍석을 빌려 경운기로 실어다가 자리를 삼고 4개 마을 분들을 모셨습니다.
이 누추한 자리로 과연 몇 분이 오실까 걱정했으나, 오후 4시부터 마을 분들이 오시기 시작하시더니 저녁노을이 깔릴 무렵에는 마을 전체 분들 가운데 반 이상이 오셔서 자리를 같이 해주셨습니다.

너무 좋고 감사해 춤이라도 추고 싶었습니다.

모여 앉은 분들이 서로 어우러져 이야기꽃들을 피우다 보니 주위가 어두워져, 횃불을 만들어 네 구석에서 받쳐 들고 있어야 했습니다.

제게는 황량하고 캄캄하게만 느껴졌던 외고에 이제 빛이 들어오고 있는 듯했습니다.

물주기사역의 시작

생비량골의 하룻밤으로 시작된 저의 외고 52주는 양천강 둑을 거쳐 그 해 겨울 섣달의 끝에 다다랐습니다. 무슨 일이든 시작은 끝을 갖고 있습니다. 겨울에 떠난 여행이 다시 겨울을 맞으며 종착역에 가까워지고 있었던 것입니다.

오랜 시간 앉아 되씹어볼 겨를도 없이 '아쉬움' 그것으로 달려온 시간들이었습니다. 시작할 때는 낯선 이들을 만나야 되는 데서 오는 열정이 주변의 냉기를 누그러뜨렸다면, 이제 그동안 만나 정들었던 이들과의 작별의 아쉬움이 처마 끝의 고드름을 녹여 내리고 있었습니다.

이제 뒤로하고 떠나야 한다니. 하지만 떠나기 전에 한 가지 해야 될 일이 더 있었습니다. 어른들은 뵙고 섬기면서 가까워졌다면, 외고 아이들과는 정말 깊은 정이 들었던 것입니다.

어떤 면에서 연세 드신 어른들을 향한 마음이 '열정의 아쉬운 연민'이었다면, 아이들을 향한 마음은 '꿈꾸는 기대'였던 것입니다.

어느 날 아침, 잠자리에서 일어나 성경 몇 장을 들추고 있는데 밖에서,
"전도사님요."
채정이 목소리였습니다.
그래서 방문을 열며,
"응, 그래. 어서 들어와, 채정아."
"아니라예. 곧 가봐야 합니더."
"왜?"
"오늘 집에서 논일하기로 되어 있어예."

채정이는 초등학교 6학년 아이였습니다. 또래의 아이들보다 약간 키가 큰 채정이는 할아버지부터 삼대가 모여 사는 집의 장손입니다. 아마도 모든 식구들이 모여서 논일을 하기로 되어 있는 모양이었습니다.

역사상 농부라는 업(業)이 가장 고된 일로 되어버린 것은 어쩌면 현대에 들어서면서부터일 것입니다. 먹을 것 없고 못 살던 그간의 많은 시절

의 농부들도 이런 외로움과 소외감 속에서 농사를 짓지는 않으셨을 것입니다. 청장년이 거의 떠나버린 농촌에서는, 평생 논두렁 밭두렁을 일구시어 지친 채 남아 계신 어르신들이 일거리를 다른 이에게 물려줄 수가 없으므로 어쩔 수 없이 또 논밭에 나가셔야 했던 것입니다.

이제는 쉴 만한 때도 되셨는데 당장의 생계 때문에, 또 대대로 내려온 생업을 포기할 수 없으셔서 젊을 때의 건강이 아닌 몸을 이끌고 또 쟁기를 잡으시는 것입니다. 손힘깨나 쓰는 장정들이 일거리 터전에서 일을 주도하면 옆에서 거드는 일 정도만 하셔야 할 어르신들이 말입니다.

때문에 벅찬 논밭 일거리는 어린아이들에게도 부과된 삶의 부분이 되고 만 것입니다. 지금으로부터 25년 전인 그 당시 특히나 공휴일엔, 아이들은 어김없이 일손이 되어 논밭으로 불려갔습니다. 모처럼 학교에 안 가는 날이니 공부하라고 쉬쉬하는 도시의 여느 가정의 풍경을 적어도 이곳에선 찾아볼 수 없었습니다.

아침 일찍 찾아온 채정이 앞에 할 말이 없었습니다. 이 어린 하루 일꾼 앞에 무슨 말을 할 수 있겠습니까?

주일은 예배드리는 주의 날이라고 힘써 가르쳤지만 이 순간에 그 아이를 붙들고 이 말씀을 다시 강조할 수가 없었던 것입니다. 그 아이도 일찍이 제가 가르쳤던 그 말씀을 모를 리 없습니다. 때문에 가게에 심부름 오는 길에 빨리 들러서, 예배 시간이 끝날 때까지 자신을 기다릴 제게 못 올 수밖에 없는 사실을 알려주고 있는 것이었습니다.

채정이는 어쩔 수 없지만 미안하다는 듯이 머뭇머뭇 서 있더니 이윽고,
"한 가지 물어볼 것이 있어에."
"응, 그래. 뭐?"
"예배를 꼭 일요일에만 드려야 합니꺼? 아무 날에나 바쁘지 않을 때 드리면 안 됩니꺼?"

저는 그날 아침 채정이의 물음에 속시원한 답을 주지 못했습니다. 문 간까지 같이 나와 그 아이의 등을 두드려주며 더할 말이 없었습니다. 채 정이는 타고 왔던 자전거를 툭툭 쳐 굴러 올라타며 고개를 돌려 말했습 니다.

"그래도 화정이는 오도록 말씀 드려 볼께에."
초등학교 2학년인 동생만은 그래도 보내주겠다며 저를 위로하는 그 착한 아이……

그날 저는 52주 사역이 끝나는 마지막 주간에 30여 명의 외고 아이들 을 서울로 데려와 3박 4일간 함께 지내기로 했습니다. 지난여름 한 주간 동안 외고 땅에서 땀 흘려 사역했던 이들에게 서울 안내원을 맡아달라고

다시 부탁했던 것입니다.

사실 지난여름 만났던 선생님과 꼬마짝꿍끼리는 편지를 서로 주고받으면서 서로 간의 정감을 나누고 있었습니다. 그래서 그 끈을 이어 30여 명의 사역원들이 서울 안내원으로 자원하게 되었습니다.

30명의 아이들, 그리고 정자 씨와 함께 서울로 향했습니다. 외고에서 진주까지 차를 빌려 아이들을 옮기고, 진주에서 서울 가는 기차를 탔습니다.

외고 꼬맹이들과 서울에서 보낸 3박 4일 80여 시간은 '가서'가 아닌, '데려와서' 할 수 있는 일이었습니다. 여름 일주일이 씨 뿌리는 일이었다면, 겨울의 3박 4일은 물주는 시간이 된 것입니다.

진짜 갑니꺼….
섭섭하구먼….

1988년 첫 주를 외고에서 동네 어르신들을 찾아뵙고 인사하는 일로 시작했었습니다.

"저는 올 한 해 동안만 이 동네에 드나들면서 어르신들로부터 배우며 좀 섬기고 싶습니다."

처음부터 아예 그렇게 끝 시간을 정해놓고 시작한 일이었습니다. 이제 그만 떠나야겠다는 인사를 드릴 시간이 되었습니다.

52주 후 떠날 것을 먼저 드러내놓고 시작했더니 작별하기도 덜 껄끄럽고 불필요한 오해를 사지 않아도 되었습니다. 그냥 아무 기약 없이 머

물다가 훌쩍 가려 했다면,

'그럼 그렇지. 우리 마을은 안 돼, 어림없지.'

'안 되니까 가는 거지.' 라는 생각을 가지실 수도 있었을 것입니다.

서울에서 외고까지의 시간 거리를 익히 아시는 마을 분들인지라 52번의 만남을 반복하고 떠나는 제게 '고생했다' 는 말씀들을 해주셨습니다. 시작할 때 떠난다고 드렸던 말씀을 분명히 기억하시고 되짚어주시는 분들도 계셨습니다.

"일 년 동안 부족한 저를 잘 봐주셔서 감사드립니다. 저에게 아주 좋은 한 해였습니다."

제게 고기 뭉치를 던지셨던 할아버님께도 찾아가 인사를 드렸습니다. 돌아서서 나오는데 싸리문 곁까지 나오셔서 한 말씀 하셨습니다.

"진짜 갑니꺼……. 섭섭하구먼……."

사실은 제가 더 섭섭했습니다.

2003년 정곡면 예동마을

그분들의 이름이
생명책에 녹명되어
풍상에도 씻기지 않는
이름들이 되는 데
징검다리가 되고 싶습니다.

그곳에
내가 있음으로

풍상에도
씻기지 않는 이름

"아이고 잘 오셨소. 이리 와 앉아 한잔 드소."

그날은 고학마을 당산제를 지내는 날이었습니다. 해발 250m에 위치한 고학은 거창군 마리면에 있는 곳으로, 새끼 꼬듯 길게 굽은 실개천을 타고 올라가면서 양쪽으로 마을이 옹기종기 엮어져 있었습니다. 200여 호 4개 마을은 한 폭의 수채화로 담아 놓아도 좋을 듯한 마을이었습니다. 우리 일행을 맞아주시는 동네 분들은 친절하셨고 정감이 넘치셨습니다.

생명의 긴박성. 그것은 단지 외고만의 문제가 아니었습니다. 그래서

1년 내내는 아니더라도, 매년 여름 1주일간만이라도 이 일을 계속해야겠다는 결심이 섰습니다. 뿌리기, 물주기, 그리고 또 뿌리기로 평생의 농사가 그렇게 다시 시작된 것입니다.

매년 섬길 곳을 찾는 일은 쉬운 일이 아니었습니다. 보통 사역지 한 곳을 선택하기 위해서는 서울에서 지리산까지 두세 번씩은 내려가고 또 그 출발점에서 곳곳을 찾아 가보게 됩니다.

사역지는 주로 지리산 자락 서부 경남 지역이었습니다. 그곳까지 가는 일이며 그곳에서 골짜기 마을들을 샅샅이 뒤져 섬길 곳을 정하는 일은 매번 큰일 가운데 큰일이었던 것입니다.

그때가 5월 중순이었을 것입니다. 제사 음식을 만들어서 동네 분들이 함께 모여 나누어 드시고 계셨던 것입니다. 어르신들은 우리를 편하게 대하셨습니다. 우리 일행은 음식이 차려진 넓은 집으로 안내되었습니다. 마을 분들 몇 분이 예닐곱 가지의 음식에다 막걸리까지 곁들여 한 상 차려 내오셨습니다.

마을에서 모처럼 맛난 음식을 장만하는 날인 까닭에 마을 전체의 분위기가 들떠 있었습니다. 몇 마디 함께 주고받는 동안 이미 얼큰하게 취해 계신 어른들은 제 앞에 놓인 대접에 막걸리를 넘실넘실 부어주고 계셨습니다.

"자, 어서 한 잔 드시오."

난감했습니다. 사역지를 답사하러 내려와서 마을을 제대로 살펴보지도 못한 채 분위기를 깰 수도 없는 노릇이었습니다. 여름에 다시 못 올 만큼 어르신의 기분을 상하게 해드려서도 안 되는 분위기였습니다. 그래 그저 "예, 예" 하며 머뭇거리다 그 텁텁한 막걸리를 약 먹듯 서너 번에 나눠 마셨습니다. 다른 일행에게도 한사코 권하시는 것을 운전해야 된다는 이유로 겨우 사양했습니다.

어쨌든 그 마을에 대해서 주섬주섬 상황을 살피고 마을 어귀에서 어르신들께 인사들을 나누었습니다.

"이 마을 물이 아주 좋은 것 같습니다. 여름에 와서 저 아래에 텐트를 치고 며칠 머무르면 좋겠습니다."
그러자 어르신들은 입을 모아,
"아, 좋고말고요. 여름에 꼬옥 오시오."
"예, 꼭 다시 오겠습니다."

이미 저는 그 마을을 그해의 섬길 곳으로 정하는 쪽으로 마음을 정하고 있었습니다. 여름에 이 마을에 다시 올 때의 우리의 모습은 어르신들의 풍습을 따라 약 같은 막걸리를 꾹 참으며 마시는 그런 모습은 결코 아널 것이지만, 그때에는 그저 그렇게 웃으며 그 마을을 나왔습니다.

마을 아래쪽부터 병항, 고신, 고대, 상촌 부락이 뻗어 올라가는데 상촌 못 미쳐서 계곡이 하나 있었습니다. 여름이면 어른들이 모여서 쉴 만한 곳으로 꾸며진 곳이었습니다. 큰 아름드리 바위들이 병풍처럼 계곡 주위를 감싸고 둘러서 있고, 그 바위벽에 무병장수를 기원함인지 석수의 끌로 사람들의 이름 석 자를 여기저기 새겨놓은 것이 있었습니다.

여름에 다시 이곳에 와서 저 흐르는 물로 저분들 이마의 흘린 땀을 좀 닦아드리고, 그분들의 이름이 저 바위벽이 아닌, 생명책에 녹명되어 풍상에도 씻기지 않는 이름들이 되는 데 징검다리가 되고 싶었습니다.

마병
- 인적 자원

세동마을은 주산물인 고구마순을 매일 가락동 시장으로 올려보내는 곳이었습니다. 고구마순 한 단은 어른 손으로 두 뼘 길이를 묶은 다발인데, 당시 한 단에 270원 정도 했습니다. 3월에 밭 골라, 고구마를 모종해 길러서 이종한 후 밭을 매고 8월에 추수를 합니다.

그리고 그것을 집에 가져와서 잎 떼내어 묶어서 마을 회관까지 가져가야 한 단에 270원, 하루에 5,000원 벌이가 되는 것입니다. 물론 마을 회관 앞에서 270원 하던 고구마순 한 다발이 가락동에 와서는 1,000원으로 바뀌지만…….

우리는 그 고구마순을 단지 잔돈 몇 푼과 바꾸어 비빔밥에 푸짐하게 넣기도 하고, 밥반찬을 삼기도 합니다. 우리가 누리는 모든 것이 대부분 이런 식입니다.

그분들의 수고에 비하면 우리는 그분들께 분명 빚진 자입니다. 우리의 사역은 그러한 빚진 자의 모습을 발견하는 데서부터 시작되었습니다. 빚진 자. 적어도 이것은 우리의 표상이어야 합니다. 베푸는 자, 나누는 자의 모습만으로는 그분들께 받은 많은 것을 갚을 길이 없습니다.

이렇게 미안한 마음 바탕이 준비되면 이제는 이 마음을 가진 사람들이 준비가 되어야 합니다. 1988년 봄부터 '52주 중, 1주일간이라도 밥 먹고 누군가를 위한 삶을 사는 일만 해보자' 는 말을 꺼내기 시작한 것이 이제는 매년의 사역 때마다 이렇게 반복되게 된 것입니다.

"내 삶의 터전을 완전히 떠날 수는 없을지라도
일정 기간이라도 섬길 지역에 자신을 노출시켜 놓는다면
하나님께서는 '그곳에 내가 있음으로' 인하여
많은 일들을 하실 것입니다."

하지만 각자의 삶의 터전을 떠나 1주일간 '그곳에 내가 있게' 하는 일은 늘 많은 걸림돌이 따랐습니다.

이런 사역은 52주 중 1주일간을 뚝 떼어 섬길 결심을 갖는 것 자체가 준비인데, 그 결심을 위해 또 준비를 해야 하느냐고 하는 이가 있는가 하면, 내가 준비되지 않았는데 어떻게 다른 사람을 섬길 수 있겠느냐고 말하는 이도 있습니다.

수영을 배우기 위해서는 준비 운동만 하고 있어서는 안 되고 물속에 들어가야 배울 수 있을 텐데 말입니다.

어쨌든 출발하는 당일 아침까지 갈까 말까 고민하다가 오지 않는 이들도 있고, 떠나는 날 비가 좀 쏟아지니 집에서 위험하다고 가지 말라 해서 안 오는 이도 있기는 했지만, 그래도 1주일 동안 빚진 자로 '가서' 그곳에 '나를 있게' 하려고 나서는 동행자들이 있어서 아름다운 생명은 점점 퍼지게 되었습니다.

다행히 외고사역 이후 저 혼자 사역지로 향한 적은 한 번도 없었고, 이제는 사역 다녀온 이들의 이름을 다 외우기 힘들 정도로 함께한 이들이 늘었습니다.

저는 그래서 매년 사람들에게 매달렸습니다. 일단 가자고, 가야 무슨 일이 일어날 것 아니냐고. 이렇듯 여름날의 싸움을 위해 준비할 첫 번째 마병은 바로 '그곳에 나를 있게 하는 것'입니다.

물적 자원

우리 자신을 섬길 곳에 꼭 있게 하겠다는 마음이 정해지면 좀 더 풍요로운 섬김의 장을 위해 물적 토대를 쌓는 작업을 시작하게 됩니다. 가는 것도, 가서 행하는 모든 일도 모두 돈이 필요한 일이기 때문입니다.

예루살렘 성벽 재건의 사역을 감당했던 느헤미야.

그는 사명을 위해 얻은 자리인 총독직만 가지고 그의 일터인 예루살렘으로 가지 않았습니다.

방해 세력인 강 서편 총독들에게 내릴 조서도 준비하고, 삼림 감독 아삽을 통해 들보로 쓸 재목을 받을 수 있는 준비를 해서 예루살렘으로 그의 발걸음을 옮겼던 것입니다.

그런가 하면 동방박사들은 귀한 아기 예수를 만나러 오면서 유향과 황금과 몰약을 준비해 가지고 왔습니다. 헤롯의 칼끝을 피해 애굽으로 피난길에 오른 가난한 마리아와 요셉 내외가 동방박사들을 통해 얻은 이 황금을 망명자금으로 사용했을 것이라는 것은 어렵지 않게 상상할 수 있습니다.

이렇듯 우리의 섬김도 물적 자원이 준비되어야 합니다.

이러한 사역비 준비 방법은 자비량을 원칙으로 했습니다. 교회 역사 속에 가장 건전한 모범을 보인 사역자가 사도 바울일텐데 그의 사역의 행로를 한 걸음 한 걸음 따라가보면 그의 섬김이 정말 구체적이었음을 알게 됩니다. 바울의 자비량 사역비 마련 방법 또한 그러했습니다.

성령 충만한 사도 바울이 그저 예수 생명을 들고 나서니 예루살렘에서 지중해를 건너 소아시아 반도 혹은 아가야까지 뱃삯도 필요 없이 도착해 있었을까요?

물론 그의 생의 말엽에 예루살렘에서 가이사랴 빌립보를 거쳐 지중해를 가로질러 멜리데로, 또 그곳에서 로마로 갈 때에는 재판받을 피고였기에 로마 제국의 국비가 소요된 적은 있습니다.

그러나 그 외에 그의 모든 삶의 여정에는 돈이 꼭 필요했습니다. 부분적으로 안디옥 교회와 빌립보 교회로부터 약간의 도움을 받기는 했지만,

그에게 필요한 대부분의 돈은 그의 수고를 통해 마련되었습니다. 즉 장막 짓는 작업의 대가를 가지고 교통비, 숙박비, 닳아지는 신발 사 신는 일 등 모든 일에 지불했을 것입니다.

물론 모든 사역자와 해외 선교사가 이렇게 해야 된다는 것은 아닙니다. 만약 그리했다가는 현지에서 선교비 마련만 하다가 무슨 일이 진척되겠습니까?

하지만 '한 1주일 정도 내 동포를 빚진 자의 마음으로 섬기는 일에 쓰이는 물질 정도는 직접 감당할 수 있지 않겠는가' 라는 자세로 자비량을 택한 것입니다.

흔히 젊은이들은 시간은 좀 있는데 돈이 없고, 연세 드신 분들은 재물은 좀 있는데 시간이 없다고 말합니다. 그러나,

'여름날 1주일 정도를 원액으로

사람 앞에 헌신하기 위해서는

시간도, 재물도 충분히 있음직하지 않겠는가'

하는 자세로 출발하고 싶었습니다.

하나님 섬기는 일은 돈이 없이도 가능합니다. 하나님은 직접적으로는 천 원짜리 지폐 한 장도 필요치 않으십니다. 하지만 사람을 섬기는 일에는 돈이 필요한 법입니다.

바울은 고린도(코린트. 아테네와 스파르타와 함께 대표적인 그리스의 한 도시국가) 교회 사람들에게, 마게도냐 교회 사람들의 형편과 그들이 성도 섬기는 일에 참여한 이야기를 하며 은근히 고린도 교회와 비교까지 합니다.

마게도냐 교회라 함은 발칸 반도에 있는 빌립보, 베뢰아, 데살로니가 교회를 말합니다. 이 교회들은 많은 환난과 그로 인해 극한 가난의 처지에 놓여 있음에도 불구하고, 예루살렘 교회를 돕기 위해 연보 모으자는 자신의 제안에 오히려 풍성하게, 그리고 넘치게 헌금하였다고 바울은 말합니다. 또한 저희가 힘대로 할 뿐 아니라, 힘에 지나도록 자원하여 참여하였다는 것입니다.

역사를 살펴보면 그리스인들은 문명을 일찍 깨우쳐 바로 그 위 지방인 마게도냐 발칸 반도를 지배하며 마게도냐인들을 야만인 취급했었습니다.

물론 그러다가 마게도냐의 알렉산더의 아버지 필립포스 2세가 크레니데스에서 금광을 발견하여 거기서 얻은 재력으로 군비를 확장하여 그리스를 점령했지만 말입니다.

어쨌든 그리스들은 자신들은 '지혜인' 이고 다른 민족들은 야만인이라 하여 우습게 여겨 왔었습니다.

어쩌면 바울이 오직 너희 믿음뿐만 아니라 '지식' 까지도 진실함을 증

명하라고 한 것은, 고린도 교회를 향하여 말뿐인 '지혜인'에 머물지 말고 선한 일에도 지혜를 가지고 경쟁의 장으로 나아오라는 의도가 숨어 있다고 봅니다. 참으로 명쾌한 논리라 생각됩니다.

바울은 고린도 교회에 마게도냐 교회와의 약간의 경쟁심을 유발시켜 선한 일에 힘쓰게 함으로 말미암아 그 교회 내부 문제도 해결하고, 실제적으로 필요한 연보의 '양'을 늘리기도 원했던 것입니다.

바울은 고린도 교회 교인들에게 덧붙여 이렇게 말합니다.

"내가 마게도냐 교인들에게 이렇게 말해 두었다.
고린도 교회 교인들은 연보를 1년 전부터 예비하고 있다고.
이처럼 자랑을 많이 해두었으니
만약 마게도냐 교인들이 나와 함께 가서
너희 아가야(고린도) 교회 교인들이 분파에나 힘쓰고
정작 힘써야 될 일을 행치 못하고 있었다는 것을 알게 되면
너희들이 부끄럼을 당할 것이 아니냐.
그러니 힘써 해야 할 일에 정진하라."

여기에서 바울의 뜻을 분명히 알 수 있습니다. 서로 간에 성도 섬기는 일에 경쟁을 하라는 것입니다.

'섬기는 경쟁'
이것은 이 시대에도 필요하지 않겠습니까?

성도 섬기는 일을 해야 하는 이유는 너무나 자명하다고 바울은 말합니다. 천하가 모두 당신의 소유이신, 최고의 부자이신 예수께서 가난하게 지상의 삶을 사신 것은 바로 우리의 가난함을 부요함으로 바꾸기 위함이셨다는 것입니다.

또한 바울이 이 일을 강력하게 요구하는 것은, 예루살렘 교인들을 평안하게 하고 고린도 교인들은 곤고케 하려는 것이 아니요, 평균케 하려 함이라는 것입니다.

'평균케 하자'는 바울의 이 제안이 고린도 교회에만 머무를 수 없습니다. 바로 오늘 이 제안을 우리도 받아들이자는 것이 우리 사역 준비의 하나인 '물적 자원'이었던 것입니다.

1주일 동안 자기가 먹는 것, 쓰는 것은 물론, 나아가 그 작은 한 마을을 섬기기 위해 필요한 돈 정도는 우리 손으로 마련할 수 있지 않겠느냐는 제안을 하게 된 것입니다. 그래서 힘들지만 넉넉하게 모으려고 애를 썼습니다.

처음 사역에 참여하는 사람에게는 일주일 동안 자기가 써야 되는 기초

2004년 횡천면 인동마을

베푸는 자, 나누는 자의
모습만으로는
그분들께 받은 많은 것을
갚을 길이 없습니다.

생활비용 정도만 감당하게 했습니다. 그러나 그들이 두 번째 참석하게 될 때부터는 달라졌습니다. 스스로들 탄력이 붙게 된 것입니다.

자기 주머니에 있는 돈이 아깝지 않은 사람이 있을까마는 그 소중한 돈이 정말 귀하고 가치 있게 쓰이고 있는 것을 1주일간 눈으로 직접 확인하고 난 사역자들이 다음부터는 먼저 열심을 갖고 만들어내는 것이었습니다.

어떤 분들은 아르바이트를 해서 모았으며, 월급에서 떼어 적금을 들어 사역비를 만드는 사역원도 있었습니다. 어떤 분은 약이나 물품을 헌물하기도 했습니다.

저 또한 여기서 예외일 수 없었습니다.

아직 저보다 어린 젊은이들이 대다수인지라 그들보다 앞서서 주머니를 열었고, 또한 그리 하고 싶었습니다. 적은 돈이 아닌지라 미리미리 준비해야 했습니다. 때문에 구두티켓이 생긴다든지 생일 같은 경우 약간의 돈이 될 만한 것이 생기면 모두 모았습니다. 매달 생활비에서 어떻게 하든 사역비로 조금씩 떼어놓는 일은 일상이 되었습니다.

영적 자원

여름날의 싸움을 위하여 마병을 예비하는 일 중 또 한 가지는 영적 토대를 쌓는 일입니다.

불합리한 구조 타파를 위한 몸부림의 일환으로, 같은 민족으로서의 동질감 회복과 평등을 위해 농촌 지역을 찾아가 손과 발로 뛰는 농활의 모습도, 그 땀 흘림의 수고가 적지 않음을 익히 보아 알고 있습니다.

하물며 우리는 우리가 만날 분들의 육체뿐 아니라 정신, 영혼까지 섬기고 사랑하려 하는데 우리의 준비가 그 이상이어야 하는 것은 당연한 일입니다.

흔들리는 나뭇잎을 보고 바람이 부는 것을 알 수 있듯이, 우리의 기도
는 그분들이 우리 섬김의 진실함을 보시고 민족애를 훨씬 넘어선, 더 깊
은 사랑을 보실 수 있게 해달라는 간절함 그것이었습니다.

또한 우리의 기도는 우리 자신의 행동을 붙들어 매기 위한 기도였습니
다. 우리의 착한 행실을 사람 앞에 보여 그들이 우리의 착한 행실을 보고
하나님께 영광을 돌리게 해야 할 텐데, 우리 자신들이 충분히 기도하지
않으면 그 뙤약볕 아래에서 물러터진 우리의 모습이 여지없이 폭로될까
두려웠기 때문입니다.

체중 조절의
기적

이렇게 인적, 물적, 영적 자원이 준비되면, 그때부터는 대회를 앞둔 선수처럼 '체중 조절'에 들어가야 했습니다. 우리의 체중을 조절하여 민첩하게 섬김의 몸짓을 하겠다는 태세를 갖출 차례인 것입니다.

체중 조절. 이것은 비단 운동선수에게만 필요한 것이 아닙니다. 사역하려는 모든 자에게 필요한 것입니다.
체중 조절은 자기 관리입니다.
링에 올라서는 자는 반드시 자기 관리를 꼭 해야만 합니다.

우리 사역의 체중 조절의 원리는 다름 아닌, 자기가 쓸 수 있는 권리를 쓰지 않는 것을 의미합니다. 이유는 간단합니다. 섬김에 장애가 없게 하려는 것이며, 더 많은 사람을 그리스도의 사람으로 얻기를 기대하는 마음 때문입니다. 우리는 모든 사람에게 자유하나 이 자유인의 권한을 버리고 스스로 모든 자의 종이 되기로 작정하는 것입니다.

진부하고 잊어버린 지 오래 되어 오히려 생소한, 주인이니 종이니 하는 개념으로의 전환은 이 시대엔 어울리지 않는 구시대의 유물이라고 여겨질지 모르지만, 그러나 하나님의 백성을 섬기러 떠나는 자들이 지녀야 할 자세로는 종의 자세 이상 적합한 것이 없습니다.

사실 종으로의 전환은 전환이 아니라, 오히려 종으로의 복귀이며 회복이 옳습니다.

주님께서는 교만한 인간들 속에 겸손의 왕으로 오시기 위해 새끼 나귀 한 마리까지 미리 준비하셨습니다.

그 시대의 세상 왕들이 늠름한 백마나, 혹은 사륜 황금마차를 타고 달리는 모습과는 달리 예수님은 새끼 나귀 등에 타 예루살렘으로 입성할 것을 작정하고 준비하셨던 것입니다.

나귀는 말과에 속하면서도 사람을 태우지 못하고 짐 싣는 일만 하는 동물입니다. 성경에서 익히 보게 되는 한 '호멜' 이라는 단위는 나귀 한 마리에 실을 수 있는 무게를 말합니다.

세상의 어느 누구도 나귀 타기를 원치 않을 텐데, 예수님은 이 나귀 탈 준비를, 이 땅에 오시기 400여 년 전 스가랴서에서 이미 말씀해주셨던 것입니다. 바로 '섬김의 종'의 모습을 준비하신 것입니다.

더 나아가 종의 모습은 2000년 전 예수 그리스도의 구속사건 이후 수많은 이들의 삶 속에서, 아니 그 이전부터 하나님을 사랑하려고 무던히 애를 썼던 선배 그리스도인들의 모습에서 쉽게 찾아볼 수 있습니다. 때문에 종의 개념을 새로이 창조하자는 것이 아니라, 우리 시대가 잃어버린 종의 모습을 되찾자는 것입니다.

우리는 말로만 주의 종이라 하면서 실상은 '종'의 개념조차 가지고 있지 않습니다. 때문에 주의 종은 듣기에 겸손을 표할 때나 가져다 쓰는 사어(死語)처럼 되지 않았나하고 반성하는 것입니다.

한두 명도 아니고 상당히 많은 수의 사역원들이 그 비대한 몸짓을
그대로 사역지에 가져가면 자기들의 몸 관리하기도 힘들 것입니다.
남을 섬기는 일은 고사하고
스스로의 조직 통제도 어렵게 된다는 것입니다.

그러므로 그 짧은 기간 동안 체중 조절을 잘못하면 일의 모양새만 그럴싸하게 남겨 놓은 채 일의 알맹이는 하나도 챙기지 못하고 끝나 버릴 수도 있습니다.

체중 조절하는 방법은 사실 별것 아닙니다.

그것은 우리들의 '입' 관리입니다. 다시 말해, 해도 되고 안 해도 되는 말은 하지 않기로 하는 것입니다. 우리는 다시 주워 담을 수 없어 후회하면서도 자꾸 말로 많은 것들을 말해버립니다. 그리고 아직 정확히 의미가 형상화되지 않은 것들도 말로 먼저 읊어 버려서 과장되거나 악화되게 만들기가 다반사입니다.

때문에 사역지에서의 육신의 힘듦이야 당연한 것이니 서로를 향해 "힘들지?" 같은 말은 줄이자고 했습니다.

우리의 위로의 대상은 우리 서로가 아닌 까닭에 값싼 위로의 말로써 우리의 주의를 분산시키지 말자는 생각에서였습니다.

3년이라는 짧은 공생애 기간 동안 주님께서 하셔야 될 일의 분량이 많으신 고로 식사할 겨를도 없이 일정을 진행하셨다는 것을 우리는 익히 알고 있습니다.

그때 바쁜 주님 일행들은 서로 서로 간에 위로하는 일에 힘쓰기보다는 당시의 백성들을 위로하고 가르치고 치유하는 데 전적인 관심을 기울이신 것이 성경이 가르쳐주는 우리의 모델입니다.

1주일간이지만 우리의 더 큰 위로의 대상자들을 위해 힘써야 하기 때문입니다. 그래서 적어도 섬김의 기간만큼은 우리 서로를 잠시 접고, 오

히려 사역에 방해되지 않게 우리끼리는 서로 간에 적절한 감시 기능을
감당하기로 했습니다.

　대개 보면 별일 안 해놓고 서로 간에 위로하는 일 – 물론 헐뜯고 흉보
고 깎아내리는 일보다는 백 번 낫지만 – 에 바빠 말잔치로 시작해서 말잔
치로 끝나는 사역(?)이 많습니다.
　하늘에서 받을 상을 이미 땅에서 다 받아버리고 끝내는 것입니다.

그곳에
내가 있음으로

초막. 그것은 1주일간 머물기 위한 임시 숙소입니다. 이스라엘 백성들이 애굽에서 나와 광야에서 초막에 머물 때를 기억하기 위해 1년에 1주씩 초막을 치고 기거했다면, 우리는 그 땅에 섬김을 위해 한시적 초막을 세우는 것입니다.

드디어 주사위가 던져지면, 월요일 아침 본대(本隊)가 출발하기 12시간 정도 전에 선발대가 먼저 출발합니다. 그들은 바로 초막을 세우는 임무를 띠고 미리 출발하는 것입니다.

준비한 차량에 꼭 필요한 장비를 싣고 몇몇 사람이 먼저 나서게 됩니다. 한꺼번에 수많은 이들이 동네에 들이닥치면 좀 그렇기도 하거니와 먼저 가서 텐트를 쳐 놓는다든지, 마을 회관 청소를 해놓고 기본 인사를 드린다든지 해야 하기 때문입니다.

경우에 따라서는 이 선발대가 큰 고생을 하는 경우도 있습니다. 가령 사곡 같은, 사정이 좀 복잡한 마을일 때가 그렇습니다.

이 마을에는 갑 씨와 을 씨 성을 가진 이들이 함께 살고 있었는데, 두 성씨 사이에는 약간의 반목이 있었습니다.

이 마을에 있는 초등학교를 1주일간의 우리 숙소로 빌려야 했는데, 을 씨 교장 선생님은 갑 씨 문중으로부터 무슨 뒷말이나 들을까 싶어서 학교 사용을 완강하게 거절하시는 것이었습니다.

선발대 9명은 장소 허락을 받는 임무까지 맡고 내려갔는데 그 일이 쉽지 않자 교장 선생님을 찾아가 무릎을 꿇고 3~4시간 동안 통사정을 해야 했습니다.

월요일 저녁이 다 되어 본대가 도착했는데도 장소 사용을 허락받지 못해서 결국 학교에 밀고 들어가 본대의 짐을 내려놓고 학교 운동장에 무릎을 꿇었습니다.

"이제 허락해주세요."

이제 이 땅에 발을 디뎠으니 월요일 저녁부터 섬김의 사건을 벌이기 위한 계획이 진행되어야 했습니다. 그런데 실제 상황은 우리가 눈 붙일 장소조차 마련 받지 못하고 있는 것이었습니다.

결국 운동장에 텐트를 치고, 억수 같은 비를 다 맞으며 우리의 섬김은 시작되었고, 그럼에도 불구하고 전설에 남을 만큼 눈물이 날 만한 수많은 이야기들을 남기며 끝까지 참으로 잘 해내었습니다.

사실 선발대가 무사히 도착했다는 소식을 듣기 전까지는 얼마나 마음을 졸이는지 모릅니다. 일단 엎드려서건 기어서건 그 마을에 선발대가 받아들여지면 사역의 거의 반은 성사된 바나 다름없기 때문입니다.

선발대가 사역지로 먼저 내려가 직무를 수행하고 있을 무렵인 월요일 아침 이른 시간, 사역원들은 미리 약속된 출발장소에서 마지막 준비모임 때 받아 갔던 같은 모양, 같은 색깔의 티셔츠를 입고 한 명씩 모여듭니다.

한 분 한 분 얼마나 반갑고 고마운지 매년 사역하는 월요일 아침마다 저는 어금니를 꽉 물고 눈물을 보이지 않으려 무던히 애를 씁니다.

어쨌든 우리가 정한 1주일의 시간은 미안함과 아쉬움으로 정한 시간입니다. 비록 평상시의 삶의 내용이 그렇지 못했다 할지라도 말입니다. 연약함을 이유로 평생 그렇게 살고 마는 것은 구원받은 자의 삶이 아닌

것은 분명하기에, 못내 아쉬운 마음으로 헌신과 섬김의 삶의 축소형이라
도 살아보기로 작정한 것입니다.

월요일 아침에 나타나는 이들이 정말로 귀한 분들입니다.
저마다 소중한 삶의 터전을 뒤로하고 섬김의 지역으로 '가는' 것 자체
가, 1주일 동안 자신을 편하게 하는 일은 하나도 없을 텐데 그래도 젊은
날에 가치 있는 일에 몰두해보겠노라고 마음먹고 와주는 자체가 너무나
소중합니다.

버스가 출발합니다.
이제 사역지에 당도하여 만나는 분들께, 이렇게 말할 꿈에 부풀면서
말입니다.

"당신은 들꽃보다,
참새보다, 양 한 마리보다,
돼지 이천 마리보다,
천하보다 더 귀하십니다."

 신고식은
해야 한다

푸른 티를 입은 청년들의 인사가 가득 넘치기 시작합니다.

"안녕하세요, 어르신."

"인사야 하루 한 번만 하면 되는 기제."

그렇게 어르신이 말씀하시고 웃으십니다.

아마 귀찮을 만큼 벌써 인사를 많이 받으신 모양입니다.

세상 무엇보다 하나님이 창조하신 '사람' 이 가장 귀합니다.

그래서 마을 분들을 10번 만나면 10번 인사를 합니다.

허리를 90도로 숙여 배꼽인사로…….

마을 분들은 그 1주일 내내 우리의 인사 받는 것이 일이 되는 것입니다. 인사를 너무 많이 드려 불편하시지는 않나 하는 생각도 들었으나, 그렇게 해서라도 마음 반듯한 청년들이라는 인상을 드리고 싶었던 것입니다.

천릿길을 달려와 그 땅에 발을 내딛는, 아니 그 마을 입구에 들어서는 시간부터 마을 어르신께 인사 올리는 일로 우리는 첫 단추를 끼웁니다.

서울 말씨 쓰는 사람들 한 무리가 느닷없이 도착하면 별 굴곡 없이 단조로운 일상을 보내고 계시던 그분들께는 정말 뜬금없는 일일 것입니다.

어르신들은 예의 없는 사람의 그 다음 말은 듣지 않으시려 하십니다. 오랜 세월 동안, 혈연 중심으로 모여서 마을을 이루고 사시는 그분들께서는 예의와 법도에 대한 신념과 긍지가 중요하실 것입니다.

그리고 그것이 다른 사람, 낯선 사람의 됨됨이를 달아보는 잣대인 것은 당연합니다.

그러니 예의라는 첫 관문에서 실격되면 나머지는 보나마나일 것이라고 생각하실 것입니다. 그래서 우선 어르신들께 예의 바르게 다가가야겠다고 생각한 것입니다. 사실 예의란 동서고금을 막론하고 서로 잘 모르는 사람에게 자신을 적절히 드러낼 수 있는 정말 좋은 방법이요 도구입니다.

예절 있는 젊은이들이라는 인식을 심어드려야 하는 데엔 또 중요한 이유가 있습니다. 도착할 때부터 우리들이 기거하는 곳을 맴돌며 가장 관심을 갖고 있는 이들이 있는데, 그들은 바로 그 마을 아이들입니다.

사실, 먼 미래를 생각하며 희망을 걸고 있는 대상은 바로 그 아이들입니다. 그러나 그들과 만나려면 그곳에서는 어른들의 허락 없인 되질 않습니다. 어르신들은 당신의 아들 손자를 맡길 만한 사람이라는 판단이 서기 전에는 아이들을 우리에게 보내주시지 않기 때문입니다.

그래서 도착한 직후 우리는 베이스캠프에 짐들을 일단 대충 내려놓고 까만 비닐봉지 하나씩 챙겨 들고 마을로 뜹니다. 큰 쓰레기야 없지만 어쨌든 청소를 해 가면서 먼저 이장님 댁에 가서 인사를 드립니다.

그리고 1주일 동안 이 마을에 기거하러 왔음을 여쭙고 내일 점심에 동네 어르신들을 모시고 소찬을 대접하겠다고 말씀드려 허락을 받아놓습니다.

화요일 오전이면 부지런히 움직여야 합니다. 간단한 아침 식사를 끝낸 후, 사역원들은 각 마을로 흩어져 '어르신 모셔오기'를 시작합니다. 사역원들은 마을로 향하는 차 안에서, 아니면 뛰어가면서 역할을 분담합니다.

어르신들을 모실 임시 정류장을 정하고, 미리 어르신과 함께 차에 타고 잔치 자리로 올 사람과, 마지막까지 마을에 남아서 미처 못 오신 분들을 모셔올 사람을 정합니다. 그리고 본진에서는 솜씨 좋은 주방팀 사역자들의 정성어린 음식준비가 뜨거운 열기를 뿜습니다.

이장님께 어르신들을 모시겠다는 뜻을 방송으로 알려주실 것도 부탁드립니다.

"아! 아! 에- . 이장입니다.
아뢰올 말씀은 다름이 아니오라
어제 서울서 봉사하러 온 학생들이
어른들을 모시고 점심을 대접한다고 합니다.
이따 오후에 윗마을 회관으로 오시랍니다.
우리 마을은 윗마을에서 많이 떨어졌다 하여 차를 대절한답니다.
잊지 말고 모이십시오."

사실 방송은 어르신들을 안심시켜드리기 위해서 형식적으로 하는 것이고, 이제 일일이 집으로 찾아가 말씀을 드려야 겨우 발걸음을 옮기십니다.

점심시간 전까지의 시간은 한정되어 있고, 각 마을마다의 시간 거리 차이도 꽤 있습니다. 그리고 수송 차량이 한정되어 있기 때문에 한 차가 여러 번 왕복해야 한 마을 분들을 다 모셔올 수 있습니다.

그러니 마을 구석구석 집까지 찾아가 어르신들 한 분 한 분을 모셔오는 마음이 급하게 마련입니다. 하지만 마을을 바삐 누빈다 해서 우리의 목소리가 담장을 넘어서는 안 됩니다.

또한 약소한 점심 한 끼 드시게 하는 것이 목적이 아니고, 어르신들의 마음을 얻는 것이 목적인지라 늘 사람의 형체만 보이면 허리가 휘도록 인사를 올리며 뛰어다닙니다.

마을마다 몸이 불편하셔서 마을의 근심이 되는 분들이 계십니다. 그분들은 대개 마을의 구석진 곳, 발길이 안 닿는 가정에서 문밖출입을 오랜 세월 삼가고 계신 분들입니다. 그런 분들일수록 외출을 꺼려하셔서 더 모셔오려고 애를 썼습니다.

사곡사역으로 기억됩니다. 분교 운동장 그늘에 비닐 장판을 깔고 잔치 시작 전에 먼저 오신 분들과 이야기를 나누며 기다리고 있을 때였습니다. 연세를 짐작하기 힘들 만큼 노쇠하신 할머님 한 분이 부축을 받아 겨우 자리를 잡아 앉으셨습니다. 그때 그 할머님 한 분 앞으로, 그분보다 조금은 정정하신 한 할머님이 다가가시며 손을 붙드셨습니다.

"아이고. 우찌 이곳까지 왔는교."

잘 아시는 분이라서 인사를 하시는 것 같았는데, 안력이 안 좋으신 이 할머님은 아는 체를 못하시는 것입니다.

"누구고? 이 누구고?"
"나 모르오? 대우 사는……."

부축해드리고 있던 사역원이 할머님 귓가에 대고 다시 크게 말씀을 드렸습니다. 그러자 이 할머님은 대우에서 오신 할머님의 옷자락을 더듬으며 아신다는 듯 고개를 끄덕이셨습니다.

"맞다, 맞다."
서로 확인이 되시자 다시 물으셨습니다.
"그 몸을 해서 우찌 왔는교."
"아가들이 가자 캐서, 하도 가자 캐서……."
"아이고. 이 얼매 만이고……."

젊으셨을 때에는 가까운 옆 마을에 살아 이웃으로 지내며 함께 일도 나가며 형님, 아우 하는 사이셨던 것 같았습니다. 두 분 모두 연세가 드신 데다 한 분이 몸이 아파 두문불출하게 되시자 왕래가 끊겨, 지척에 두고도 만나시지 못한 지가 10년은 되셨다는 것입니다.

가기 힘드시다는 분을 억지로 모셔왔다가 이렇듯 반가운 만남이 생기기도 했습니다. 넓은 세계는 오히려 날로 좁아져가는데, 이 좁은 산골에서는 늙고 병듦에 따라 서로 이렇게 멀어져가고 계시다니…….

마음이 무거울 따름이었습니다. 이 일로 병들고 외로우신 분일수록 더욱 모셔 와야겠다는 생각을 굳히게 되었습니다.

잔칫상이래야 콩떡, 무지개떡, 수박, 포도, 복숭아, 멜론, 해파리냉채, 숙주나물, 고사리나물, 밥과 국 정도이고 쇠고기 탕수육이 오른 때도 있습니다.

매년 고기를 넉넉히 넣어 육개장을 끓였었는데, 세동사역에는 쇠고기 탕수육을 한 번 곁들여 내어 보기도 했습니다. 쇠고기, 녹말, 당근, 양파, 목이버섯 등 12가지 재료로 탕수육 예순 접시를 만들기 위해 15명이 4시간 동안 튀김채를 들고 땀이 비오듯 일을 했습니다.

그후 화요일 경로잔치는 삼계탕으로 메뉴를 바꾸어 정했습니다. 왜냐하면 어르신들을 모셔오는 우리의 기술(?)이 점점 늘어 60~70인분 정도가 아니라, 300~400인분씩 만들어야 했기 때문입니다.

물론 정성스럽게 준비를 하기도 하지만, 사실 젊으실 때 맛난 음식 한 번 안 드셔 보신 분이 어디 있겠습니까? 게다가 편한 안방이 아니고 마을회관이나, 자갈만 겨우 골라낸 들판, 아니면 학교 운동장에 차린 자리이니 안 그래도 불편하신 몸에 편안하실 리가 없습니다.

때문에 잡수시는 메뉴만으로는 그분들이 즐거워하실 수가 없을 것 같았습니다.

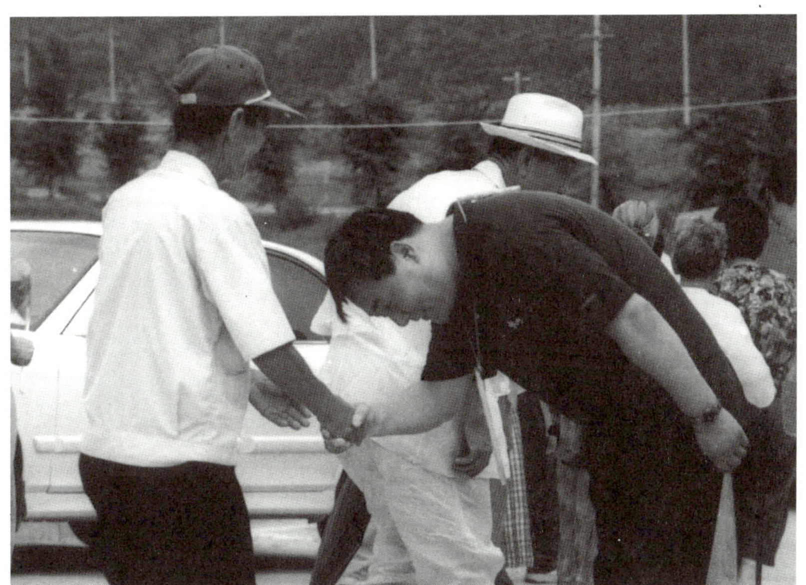

2001년 무안면 나뭇골마을

"안녕하세요.
어르신"

그래서 읍내 어느 식당에도 없는 메뉴를 하나 내놓기로 했습니다.

그것은 할아버님, 할머님 사이사이에 끼여 앉아 있는 바로 우리들 자신이었습니다.

우리에게는 서울을 떠날 때부터 몸에 지니고 있는 것이 하나 있습니다. 1주일 동안 쓸 만큼 견고하도록 딱딱하게 비닐 코팅을 하여 목에 매달은 공책만한 크기의 각자의 이름표입니다.

이름을 가슴 중앙에 크게 써 붙이고 다니면, 한 번 부르고 싶어지거나, 불러도 되는 이름이라 여기시길 바라는 마음으로 달아둔 것입니다.

이제 그 이름표를 부채로 사용하여 울퉁불퉁한 바닥에서 상 없이 힘들게 식사하시는 어르신들의 땀을 식혀 드리는 것입니다. 더운 여름볕이라 그리 시원한 바람이 일지는 않지만 그래도 그 부산한 움직임들을 좋아해 주셨습니다.

그리고 마른 장작 같은 그분들의 어깨와 오랜 흙일로 굵어진 손, 그리고 발을 주물러 드렸습니다. 특히 발바닥과 발가락을 집중적으로 주무르고자 했습니다.

논두렁 밭두렁을 일구시는 분들께 손은 더 이상 미용의 대상이 아닙니다. 하물며 아무 곳에나 바지를 걷어붙이고 들어가고 험한 곳을 두루 밟고 다니시는 발이랴……. 그런 까닭에 발은 더 열심히 주물러 드릴 이유가 있어서 발바닥과 친해지려고 노력했던 것입니다.

너무 세게 주무르면 꼭 부러질 것만 같은 마디마디와 서늘한 무릎, 감
각이 없는 것같이 굳은 발을 주물러 드리면 '됐다, 됐다' 하시며 그만두
라고 하시지만, 그래도 뿌리치지는 않으십니다.

우리가 무슨 전문적인 안마를 해서 그분들의 아픈 부위를 풀어 드리는
것은 아니지만, 서툰 손놀림이나마 와 닿는 손길을 좋아하시는 것 같았
습니다.

"야야, 니는 누구고, 최 가구나."
"야야, 이번엔 또 누구고. 김 가구나."
하시면서 돌같이 굳었던 얼굴을 펴시며 즐거워하십니다.

젊은이들을 찾아볼 수 없는 산골 벽지에서 2~3시간 동안 수십 명의 얼
굴을 가까이 대하게 된다는 것 자체가 흥겨우신 까닭일 것입니다.

어르신들의 어깨며 다리를 주물러 드리면 당신의 자녀 손자들이 언제
이리 한 번 주물러 준 적이 없다고 하시면서 사위나 며느리를 삼고 싶다
고 하시기도 하십니다.

주무르던 이들은, 얼마나 외로우시면 겨우 1~2시간 다가서는 자들에
게 그리 말씀하는가 싶어 가슴이 아리고, 집에 계신 부모님들께 그리하

지 못한 것이 생각나 또 부모님 생각을 많이 하게 됩니다.

음식을 드시는 분들께 다가가서 인사 말씀을 드리라고 하면, 다들 그저, "많이 드세요."하고 맙니다. 별것 아닌 한마디도 준비하고 생각하지 않으면 이렇게 천편일률적인 겉치레의 말이 되고 마는 것입니다.

좀 더 정감 있는 말을 머릿속에 미리 생각해두어야 합니다.

"드실 만한지 모르겠네요."
"차린 게 별로 없습니다."
"불편한 자리에 모셔서 죄송합니다."

이 정도의 몇 가지 말은 미리 생각해두는 것이 좋습니다. 사실 말을 제대로 못하는 것은 그래도 낫습니다. 엉뚱한 말을 하면 실로 낭패입니다. 아무렇지도 않게 뱉는 말이 섬김의 질을 떨어뜨리기 때문입니다.

"더 필요한 것 없으세요?"
"숟가락 못 받으신 분!"
이런 말은 결코 삼가해야 할 말입니다.

만약 그 어르신 한 분을 내 집에 모셨다면 그분이 지금 무엇이 필요한지, 수저는 있으신지 모를 까닭이 없습니다. 경로잔치라고 모셔놓고 값

없는 미소와 대량 생산의 서비스만 드리려 하면 안 되는 것입니다.

마치 그분 한 분만 집에 초대한 듯
가까이서 정성을 다해 살펴 드려야 하는 것입니다.

그래서 필요한 시중을 들다가 간혹 자리를 옮겨야 될 경우 낮은 자세로 자리를 움직입니다. 우리가 정신없이 바쁘다고 해서 진지 드시는 분들을 산란하게 해서는 안 되기 때문입니다.

어르신들은 손에 힘이 없으셔서 음식이나 음료를 흘리실 수도 있습니다. 그래서 이 부분에 대해서도 섬세하게 신경을 쓰지 않을 수 없습니다.

음식 드시는 것이 마무리될 즈음, 민요 한 가락을 준비한 사역원이 나와 '까투리 사냥'이라도 한 곡 불러 드리면 그 사이 언제 일어나셔서 어깨춤을 덩실거리는 분들이 계십니다.

이때 우리 또한 어른들 곁에서 같이 일어나 "얼쑤, 얼쑤" 하며 장단을 맞추면 잔칫상을 폈던 곳에 한마당 즐거운 춤판이 벌어집니다.

어르신들은 힘이 없으신 까닭에 흥겨운 춤이라도 오래 추지는 못하십니다. 그러면 마이크를 잡고 어르신들 좋아하실 만한 노래를 한 곡 정도 더 불러드리면서 자연스럽게 자리에 앉으시게 합니다.

그때 대개는 제가 목소리를 가다듬고 어르신들께 말씀을 올립니다. 하고 싶은 말이 많으나 어르신들이 들으셔서 흡족하실 만큼 '신고식' 다운 말을 해야 하고 혹 마음이 앞서 실수라도 할 것 같아 할 말을 늘 써서 미리 외어 둡니다.

"어르신들, 참으로 감사를 올립니다.
이렇게 어르신들을 만나 뵈오니 참으로 좋습니다.
저도 어린 시절 20여 년을 농촌에서 자라서인지
이곳에 와보니 고향에 와 집안 어르신들을 만난 듯 반갑고 좋습니다."

이렇게 인사를 드리고 사역원들 모두 큰 절을 올리면 신고식이 끝나가는 것입니다.

아침부터 신원 불명의 청년들이 마을을 돌아다니며 소찬을 대접하겠노라고 하면 무슨 일인지 궁금해서 와보시는 분들도 계시고, 어디 서울 아이들이 무얼 어찌 하려는지 보자며 뒷짐 지고 살펴보러 오시는 분들도 계십니다.

하지만 잔치가 끝나고 이제 한 분씩 마을로 모셔다 드릴 때면,
"너그들 욕 봤대이."
"이리 좋을 때가." 하시며 댁으로 향하십니다.

2000년 유림면 창촌마을

"얼쑤, 얼~쑤"
흥겨운 경로잔치 마당

가능한 한 분도 안 빼놓고 모시고 오려고 하지만, 거동을 전혀 못 하셔서 일어나실 수도 없는 분들은 어쩔 수 없이 그 자리에 모시지 못합니다. 그분들은 점심을 드시고 마을로 돌아오신 다른 분들의 이야기를 건네 들으시면서 내심 섭섭하실 것입니다.

무슨 일이 있을 때마다 나와 보실 수 없는 것이 그분들의 마음 한구석에 상처가 되어 있을 텐데 우리 점심 대접에도 또 끼지 못했다 생각하신다면 차라리 모든 분들께 대접을 안 하니만 못하다 생각합니다.

그래서 잔치 때 미리 한쪽에 준비해 놓았던 음식 몇 가지들을 싸 가지고 그분들 댁으로 찾아갑니다. 이것은 찾아가는 2차 경로잔치라 할 수 있습니다.

세동사역 때 사역지의 한 마을이었던 마전에 오랫동안 중풍으로 누워 계신 할아버님이 계셨습니다. 아프신 까닭에 그 여름의 더위가 더욱 성가시셨는지 머리카락을 모두 밀어 버리신 분이었습니다.

마전마을을 맡은 사역원 2명이 그 댁 부엌에서 그릇 몇 개를 꺼내서 싸 가지고 간 음식을 깨끗이 담아 작은 상을 하나 차려 할아버님 방 앞에 차려 올렸습니다. 한 사람은 할아버님을 부축하여 중심을 잡아 드리고 한 사람은 수박 한 조각을 조금 떼어 입에 넣어 드렸습니다.

할아버님은 그 작은 요깃거리로 빈 마음까지 채우시는 모습이었습니다. 대접받고 돌아온 그 댁 아래 분들은 편찮으신 집안 어른의 눈치를 보지 않게 되어 좋아했고, 오히려 조금은 부러워하는 것도 같았습니다.

만나 뵈어야 할 어르신이 방 안에 앉아 계시면 문밖에서부터 예의를 갖추고 들어가야 합니다. 문 열고 닫는 모습 하나 하나에도 예절이 있기 때문입니다.

한 번 낮은 기침으로 기척을 하고, "계십니까?" 하고, 안에서 "들어오시오." 해야 조심스레 문을 열 수 있는 것입니다.

이제 신고식으로 문을 살며시 열고 방에 들어왔으니 문 여는 예절은 합격한 것입니다. 신고식을 잘 마치면 우리는 경계의 대상이 아닌, 그런대로 받아들여지는 마을 식구의 일부가 되는 것입니다.

천 년의
침묵을 깨고

사실 그 마을에 도착하자마자 월요일 오후부터 눈에 가장 먼저 띤 것은 그 마을 어린이들입니다. 하지만 어르신들께 신고식을 하기 전에는 그 아이들에게 눈길 한번 아니 주고 꼬박 하루를 지냅니다. 그러면 아이들의 호기심이 부풀대로 부풀어 있게 됩니다.

그런데 아이들에게 아무 말도 없이 마을 앞 나무에다 각색 풍선을 걸고 부스럭거리기 시작하면, 궁금증을 참지 못하는 아이들이 다가와서 구경을 하다가 결국 묻습니다.

"뭐 하실라꼬예?"

그럼 그때, 그 아이의 눈을 쳐다보며 말해 줍니다.

"너, 내일 아침에 여기로 와라. 선생님도 올 테니."

마을에서 힘 좀 쓰는 사내아이 하나가 그 소식을 들으면 나머지 아이들은 저절로 다 알게 되어 있고, 아직 선뜻 앞에 못 나서는 여자아이들에게는 집으로 찾아가 내일 아침 만날 약속을 합니다.

8월 둘째 주 수요일 오전 9시 무렵.
세동에서 몇 리 더 들어간 관동이라는 마을의 천 년 묵은 은행나무 아래. 그 마을이 생겨, 함께 자란 은행나무 아래에서 천 년의 침묵을 깨고 찬양이 울려 퍼진 것입니다.

괘도를 걸 곳이 마땅치 않을 때는 선생님 두 명이 찬양괘도를 들고, 한 선생님은 기타를 치고, 또 한 선생님은 율동을 하고. 앉아 있는 아이들의 수보다 때론 서 있는 선생님들의 수가 더 많습니다.

아이들이 해마다 무척이나 좋아하는 찬양은 뭐니 뭐니 해도, "내가 만약 나비라면 어찌어찌 하겠다."라고 하는, 각종 동물이 등장하는 찬양입니다. 왜냐하면 선생님들이 전부 나와서 펄쩍펄쩍 뛰면서 몸을 사리지 않고 과한(?) 율동을 하기 때문입니다.
이 찬양은 준비 모임 때 철저히 연습을 해둔 까닭에 사역지에 가면 폭발적인(?) 반응을 일으킵니다.

"내가 나무 위 새라면 난 지저귀며 찬양해."
"내가 지렁이라면 난 땅을 기며 주께 감사."
"내가 만약 문어라면……."
"내가 만약 곰이라면……."

찬양을 마치면 선생님과 아이가 짝이 되어 단 둘이 마을 곳곳으로 흩어집니다. 대나무 숲 사이든 개울가든 어디든 좋습니다. 선생님과 아이가 손잡고 함께 둘만의 시간을 보낼 수 있는 곳이면 됩니다.

조금 더 깊은 곳으로 숨어들어 가기 위해 신발을 벗고 내를 건너기도 합니다. 꼬맹이와 선생님은 발로 물을 첨벙거리며 건너기도 하고 돌 틈을 헤쳐 낮잠 자는 가재들을 귀찮게도 합니다.

날씨는 더워도 시냇가에 발을 담그니 일단은 오싹합니다. 물거품을 내며 첨벙이는 아이의 발을 잡고 손바닥으로 뽀드득 소리가 나게 문질러줍니다. 그러고는 입고 있는 윗옷의 끄트머리를 잡아 빼어 꼬맹이의 발을 닦아줍니다.

어릴 적 초등학교에서 긴 겨울이 지나고 봄이 되면 담임선생님이 수업 시간에 반 아이들을 데리고 개울로 향했던 기억이 있습니다. 겨우내 묵은 때를 씻는 시간이었던 것입니다. 겨울에야 세수도 잘 안 하고 지내니 손이며 발이며 목에는 때가 두껍게 찌들어 있습니다.

그래서 선생님은 우리에게 바지와 소매를 걷고 개울 속으로 들어가라고 하셨습니다. 한참 물장난을 치고 있으면 선생님께서
"자, 이제 마음에 드는 돌 하나씩 골라요."
이제 적당히 때가 불었으니 돌비누로 때를 밀라는 것이었습니다. 적당히 돌기가 있는 돌멩이를 하나 주워 들고 손등이며 발꿈치를 열심히 닦던 기억이 시골의 개울가 언저리에 아직도 남아 있습니다.

선생님과 아이는 이렇게 조금씩 가까워집니다. 이렇게 아이들과 수, 목, 금요일 오전 3시간씩 3일 동안 만나게 됩니다. 첫날인 오늘은 조금 서먹서먹했지만, 다음날은 차츰 익숙해지다가, 마지막 날은 섭섭해집니다.

아이들과 3일을 만나면서 눈을 열심히 마주칩니다. 어른들 위주로 모든 일이 시작되고 끝나는 농촌에서 아이들은 어른과 똑바로 눈을 마주칠 기회가 별로 없습니다.

손과 손이 만나고, 발과 손이 만나고,
이제 눈과 눈이 만나면
아이들은 자신들의 몸 구석구석에 박힌
선생님의 시선을 기억할 것입니다.

땀 흘리는 아이에게 이름표로 부채질을 해주다가 아이 이마의 땀을 선

생님의 이마로 닦아주기도 하고, 코 흘리는 어린아이면 손수건으로 닦아
주기보다는 자기 티셔츠의 끝자락으로 닦아줍니다.

　선생님과 아이의 눈과 눈 사이에는 아이스크림이 끼어들지 않습니다.
동네 구멍가게에 가서 시원한 아이스크림 하나 정도는 얼마든지 사줄 수
있습니다. 하지만 아이들이 그 아이스크림 때문에 선생님을 좋아하기 시
작한다면, 빨리 친해질 수는 있으나 아이스크림이 녹고 나면 그 느낌도
없어지게 될 것입니다.
　그래서 여름 볕 아래에 그렇게 오래도록 붙어 다니지만 둘이 잡은 손
에 어떤 것도 끼어들지 않습니다.

2003년 가례면 갑을마을

천 년 묵은 은행나무 아래
꼬맹이와 선생님,
함께 만드는 3일간의
9시간 사랑이야기

목요일 오후

목요일 오후, 대우마을에 시각장애를 가진 24세의 강점덕이라는 청년을 찾아갔습니다. 제가 그를 처음 만난 것은 화요일 경로잔치 때였습니다.

저는 제 앞에 있는 젊은이에게 가서 손을 내밀었는데 그는 손을 내밀지도, 그렇다고 피하지도 않은 채 저의 행동에 대해 아무런 반응을 보이지 않고 있었습니다.

잠시 멈칫했습니다.

제가 다가가는 것을 볼 수 없는 친구였던 것입니다. 경로잔치에 오기엔 젊다 못해 어린 친구였습니다.

그날 그는 소일거리가 없어 노인 틈에 끼여 잔치 자리에 한 번 나와 본 것이었습니다.

목요일, 집으로 그를 찾아갔지만,
제가 뭐라 말문을 열어야 할지……,

그래서 그 앞에 앉아 저도 눈을 감았습니다.
그리고 우리의 대화는 1시간 가량 즐거웠습니다.

"나이가 몇인가요?"

조병호

2007년 새벽녘 한 시골 마을

그곳에
내가 있음으로…….
부족한 나를 들어
하나님께서
일하실 것입니다.

옷 좀
갈아입고 오너라

우리는 월요일 아침 집에서 입고 온 옷을 목요일에도 그대로 입고 있습니다. 단체로 맞춘 5,000원 정도 되는 면 티셔츠입니다.

빗물에 젖고 땀에 절고 입은 채로 햇볕에 말렸다가, 밤에는 모래가 서걱거리는 텐트 바닥에서 뒹굴다 보면, 목요일 정도 되면 말이 옷이지 그저 걸치고 있는 지저분한 무엇(?) 정도가 됩니다.

8월 둘째 주의 무더운 여름에 씻지 않은 채 하루 이틀이 지나면, 옷과 몸에서 쉰내가 진동을 하여 파리가 꼬입니다. 이 옷을 입고 어르신 댁 마루에 앉아 함께 이야기하고 있으면, 어르신께서 툭 던지시듯

"야야, 옷 좀 갈아입고 오너라." 라고 한 말씀 하십니다.

우리가 매일 색색으로 옷을 바꾸어 입고 깔끔하게 그분들 앞에 나타났다면 그런 핀잔은 안 듣겠지만 그분들이 우리를 편하게 보시고 마음으로 받아들이시기는 무리가 있었을 것입니다. 며칠씩 같은 옷을 입고 사역에 임하는 것은 그분들을 주인으로 섬기고 싶어서입니다.

게다가 40명, 많게는 120여 명이 씻고 옷 갈아입고 하면, 그 짧은 1주일 안에 언제 마을 분들 한 분 한 분을 만나 뵙고 예절을 심고 마음 문을 두드릴 수 있겠습니까? 사실 100여 명이 한꺼번에 씻을 만한 형편이 안 되는 것이 매번 사역지의 물 사정입니다.

그러니 주신 조건을 최선의 조건으로 여기고 오히려 그 조건으로 섬김의 깊이를 더하는 계기를 만든 것입니다. 그래서 애써 씻으려 하기보다는 안 씻는다는 사실로 인해 더 나은 섬김의 모습을 빚어보려 했던 것입니다.

세동사역 때 우리가 기거하던 마을 회관 옆에는 화장실이 남자용, 여자용 하나씩 딱 두 개밖에 없었습니다. 이것만 사용해서는 화장실 앞에서 줄 서는 시간으로 한나절씩 보내야 할 것 같았습니다.

그러나 조금 눈을 들어보니 화장실이 마을에 널려 있었습니다. 화장실 없는 집은 없으니 말입니다. 그 이후 사역부터 화장실은 언제나 그 마을 어르신 댁의 화장실을 주로 쓰기로 했습니다. 덕분에 우리가 사용한 화장실 청소도 할 수 있게 되었던 것입니다.

세동사역의 둘째 날이었습니다. 경로잔치를 준비하는 날인데, 아침부터 텐트 위로 빗방울이 사정없이 떨어지고 있었습니다. 오후에 땅이 말라 자리를 펼 수 있을지의 여부는 고사하고 잔치할 그 시간까지 비가 그친다는 보장도 없었습니다.

어느 곳으로 어르신들을 모시면 좋을까 생각하면서 텐트가 무너지지 않겠는지를 보려고 새벽에 일어나 밖으로 텐트 주위를 살펴보고 있었습니다.

마을 쪽에서 어르신 몇 분이 우산을 받쳐 들고 다가서시기에 인사를 올렸더니,

"웬 비가 이리도 오는지, 당최 걱정이 되어서……."

그분들은 간밤에 내린 빗속에서 서울 청년들이 어찌 잠을 청했는지 살펴보러 오신 것이었습니다. 그렇게 마음 따뜻하신 분들을 만나러 우리가 내려간 것입니다.

간단한 아침을 먹고 비닐을 챙겨 이리저리 가리개도 만들어 보고, 마을 회관이라도 잔치 장소로 쓸까 하고 짐정리를 하며 비가 그치기만을 기다렸습니다. 풀 죽어 빗속을 다니는 우리를 지켜보시던 그 마을의 새마을 지도자 어른께서 말을 건네셨습니다.

"비 피할 곳을 찾는 기가?"

"괜찮으면 마을 창고를 열어 줄꺼나?"

마을 창고는 곡물과 농기구를 넣어두는 곳이라 작은 창문이 한 개 있고 구석구석에 사료와 먼지 쌓인 마대 자루 등이 있었지만, 비를 피하여 어르신을 모실 수 있는 장소로는 더할 나위 없이 좋았습니다. 창고 안 바닥에 쌓인 먼지를 긁어내고 자리를 펴자 금세 세동 카페가 되었습니다.

저는 그분들이 우리를 보고 계신다는 사실이 고마우면서도 긴장되지 않을 수 없었습니다. 그것은 우리 모습이 당신들께 착한 행실로 비쳐지면 받아들이지만 그렇지 않을 때엔 더 이상의 교류를 원하지 않으실 수도 있다는 것을 의미하기 때문입니다.

그러니 어찌 옷 입는 모습이며 화장실 같이 쓰는 행동 하나하나를 소홀히 할 수 있겠습니까?

그분들은 다 지켜보시고 나서야, 즉 인사하는 것, 옷 입는 것, 자는 것, 심지어 화장실 사용하는 것까지 보시고 나서야 우리를 용납하실지 않으실지 가부를 결정하시는 것이었습니다. 그리고 받아들이심에 대한 표시는 우리에게 말투와 눈빛으로 자연스럽게 나타내십니다.

세동은 고성군 대가면에 위치한 곳으로 1988년 사역 이래로 서울에서 가장 먼 곳 중에 하나였습니다. 그곳은 여름의 주된 일거리가 고구마순을 따는 일이었습니다. 고구마순이 자라면 금방 금방 따기 때문에 가을에 그곳 고구마를 캐보면 열매가 실하지 못하다고 합니다. 하지만 당장의 수입을 위해서 고구마순을 따신다고 하셨습니다.

목요일 오후 밭에서 한 어르신이 사역원 한 명과 고구마순을 따고 계셨습니다. 제가 지나가면서 길 둑에서 말없이 허리로 인사를 드렸더니 그분께서 손으로 제게 밭쪽으로 내려오라는 표시를 하시면서 말씀하셨습니다.

"병호야, 너도 이라 와서 고구마순 좀 따라."
그때 무척이나 행복했던 그 기분은 아직도 잊을 수가 없습니다.

1998년 가회면 오곡마을

당신은 들꽃보다, 참새보다.
양 한 마리 보다,
돼지 이천 마리보다,
천하보다 더 귀하십니다.

서울 학생은
우리 화장실 못 간대이

고학사역 때 마을을 다니며 아이들을 불러 모으던 사역원 한 명이 볼
일을 참지 못해 한 집으로 불쑥 들어가,

"할머니, 좀 급한 대요. 화장실이 어디 있습니까?"

라고 여쭈었습니다.

얼마나 급했으면 인사도 못 여쭙고 화장실부터 찾았을까 싶은데도 부
엌에서 나오시던 할머니께서는,

"서울 학생은 우리 화장실 못 간대이."

지역마다 화장실의 특성이 제각기였습니다.

고학리의 네 개 마을은 모두 화장실을 땅을 파서 만들지 않고, 외양간

한 쪽 옆에 작은 다락 같이 높다랗게 올려 만들어놓았던 것입니다.

그래서 이쪽에서 사람이 볼일을 본 것과 저쪽에서 소가 볼일을 본 것이 아래에서 같이 만나고 있었던 것입니다. 소는 화장실을 파 놓는다고 해도 그곳에 볼 일을 보지 못하니까 분뇨를 한 곳으로 모으기 위해서 사람 화장실을 소 화장실에 맞추어 높여 놓은 것이었습니다.

그러니 서울 학생이 무서워서 못 들어갈까 봐 아예 화장실을 안 가르쳐주시려 했던 것입니다.

그도 그럴 것이 도회지 사는 며느리가 오랜만에 시골 시댁에 와서는 화장실이 무섭다고 시어머니 보고 망을 봐 달라 하고 마당 한구석에서 볼 일을 볼 정도였답니다.

당신들은 평생을 써오신 화장실을 우리 더러는 쓰지 말라고 하시는 마음이 기억되어 두고두고 생각이 납니다.

그분들의
그 따뜻한 마음

수곡 딸기로도 유명한 수곡면의 사곡리는 우리가 사역을 갔던 해에 무척 가물어 있었습니다. 우리가 도착하던 날 월요일 저녁까지 며칠째 비 한 방울 내리지 않고 있었던 것입니다.

수요일 아침이었습니다. 숲과나무학교를 여는 날인데 비가 부슬부슬 내리기 시작했습니다. 우리한테야 결코 반갑지 않은 비였으나 사곡 온 마을에는 해갈의 단비였습니다.

비를 적당히 잘 피하면서 숲과나무학교를 열고 있는지 둘러보기 위해 대각 마을로 들어갔습니다.

때마침 우비를 입고 맞은편에서 오시는 아주머님이 계셔서 멈춰 섰습
니다.

"오랜만에 비가 와서 정말 다행입니다."

가물었었다는 소식을 들었던 터라 이렇게 말문을 열어 인사를 드렸
습니다. 그러자 아주머님께서는 당치도 않다는 표정으로,

"먼 데까지 오셨는데,
이리 비까지 오니 고생이 많으십니더."

하며 해갈의 기쁨보다는 오히려 우리 걱정을 하시는 것이었습니다.

2002년 영현면 매촌마을

발바닥과 친해지기

.

.

.

마른 장작 같은 그분들의 어깨와
오랜 흙일로 굵어진 손,
그리고 발을 주물러 드렸습니다.

"됐다, 됐다. 그만두라."

그래도 뿌리치지는 않으십니다.

서툰 손놀림이나마 와 닿는 손길이
싫지 않으신 것 같았습니다.

아이스커피와 편지

수요일과 목요일은 오후에 잠깐 오침 시간이 있습니다. 25분 남짓의 낮잠 시간입니다. 잠시 눈을 붙이라고 하면 처음엔 서로 쳐다보며, "이거 정말 자도 되는 거야?" 하고 의아해들 합니다.

그도 그럴 것이 식사 시간의 경우, 배식부터 설거지 당번이 설거지 끝내는 시간까지 합하여 25분 이내여야 한다고 하는 사역이니, 갑자기 할 일 많은 오후에 왜 낮잠을 자라고 할까 하며 놀랄 만합니다.

차가 충분하면 마을별로 차량 한 대씩이 돌아갈 수 있으나 그런 여유가 없어 항상 뛰어서 마을을 왕복하는 진들이 몇몇 있습니다.

아무 일 없이 쉬면서도 "덥다."를 연발하는 8월의 뜨거운 태양 아래 키

보드, 기타, 돗자리, 풍선 등 갖가지 짐을 지고 뛰어다니니 얼마나 힘들고 지치겠습니까!

그러니 무더운 오후에 휴식 없이 마을로 밭으로 그냥 나가면 그 짜증이 행여 우리 주인께 다 돌아갈지도 모르는 일입니다.

무의식중에라도…….

그래서 잠을 자두는 것입니다. 단잠을 자고 있는 사역원들의 얼굴을 물끄러미 바라보면 미안도 하고 더 재우고도 싶지만 해야 할 우리의 일이 있기 때문에 25분이 되면 다시 깨웁니다.

선잠을 깨고 일어나 빨간 토끼 눈을 하고 앉아 있을 때 준비한 시원하고 달달한 아이스커피를 한 잔씩 돌립니다. 사역자들은 한결같이 어느 별다방 콩다방에서도 맛볼 수 없는 지상 최고의 맛이라고들 합니다.

오후의 한가로운 티타임의 분위기나 농촌에서의 목가적 낭만과는 거리가 멉니다. 커피를 숭늉처럼 들이켜기가 무섭게 그릇(?)을 가져가기 때문입니다. 마지막 사람에게 커피가 나감과 동시에 맨 처음 커피를 받은 사람의 컵을 걷어갑니다. 커피를 마셨다는 것이 꿈인지 생시인지 하는 순간 다시 정신을 차리고 오후의 계획으로 들어갑니다.

목요일 오침 후에는 아이스커피 한 잔과 함께 편지지와 봉투를 나누어

줍니다. 자신의 친지, 친구에게 편지를 쓰는 시간입니다.

이름도 모르던 땅에 내려와 낯선 이들을 주인으로 모시고 섬기다 보면 그동안 가까운 사람에게 사랑의 마음을 전하지 못한 것에 대한 안타까움을 느끼게 됩니다.

그런 안타까운 마음을 가진 찰라이기에 졸린 눈을 비비고도 그리운 이름들을 불러보며 짧은 시간이나마 생명 담은 편지를 쓰게 됩니다.

"내게 큰 근심이 있는 것과 마음에 그치지 않는 고통이 있는 것을
내 양심이 성령 안에서 나로 더불어 증거하노니
나의 형제 곧 골육의 친척을 위하여
내 자신이 저주를 받아
그리스도에게서 끊어질지라도 원하는 바로다."

편지를 쓰는 동안 우리도 이 바울의 심정을 품어보는 것입니다. 멀리 가서 부족하나마 섬겨보고 전해보니 가까운 곳에 대한 섬김과 전함이 소망이 되는 것입니다.

웅크리고 앉아서, 혹은 엎드려서 심각하게 편지를 쓰는 모습을 보면 우리 모두 어느 초라한 막사 안에서 생명 서신을 띄우던 바울이 된 듯합니다.

이렇게 함께 모여서 섬김을 위한 계획을 세우는 시간을 이른바 '한시 타임(限時 time)'이라 부릅니다.

젊음의 낭만도 없고, 또래끼리의 교류는 없지만
종으로서의 꿈이 있는 시간입니다.

금요일 오후

사역 초창기 금요마을잔치 때에는 꼭 돼지를 한두 마리 잡았습니다. 이장님께 부탁드려 마을 분들께 좀 도와주십사 하면 알아서 다 맡아주십니다. 마을 개울가에서 어르신들 여러 분이 함께 돼지를 잡으십니다. 그러면 그 돼지가 잔치 소문을 온 동네에 다 내줍니다.

동네 아주머님들은 머리 고기를 눌러서 잘 썰어주십니다. 이쯤 되면 마을 전체가 잔치로 인해 술렁거리게 됩니다.

근래 들어서는 다른 메뉴들이 많이 개발되면서 돼지가 희생(?)되는 일은 바람과 함께 사라졌습니다.

마을잔치 주 메뉴는 비빔밥입니다. 그런데 500인 분의 비빔밥 재료 준비가 보통 일이 아닙니다. 우리 베이스캠프에 마련된 주방은 말이 주방이지 볕과 비를 피하기 위해 비닐을 위에 하나 걸친 야전용 주방입니다. 프로판가스를 연결하여 화덕만 두어 개 놓여 있고 재료 준비부터 설거지까지 엉거주춤한 자세에서 해야 합니다.

그런 곳 구석에서 콩나물, 고구마순, 당근채, 도라지 등의 나물을 일일이 볶고, 전도 부치며, 샐러드, 오이냉국을 만들려면 한나절이 꼬박 걸립니다.

지금껏 그런 일을 마다 않고 매년 도와주시는 분들이 계셔서 마을잔치를 계속해 오고 있습니다.

이제 마을 남녀노유 모든 분들을 모셔 오면 되는데, 금요일 아침이면 항상 걱정과 약간의 두려움을 피할 길이 없습니다. 8월 둘째 주면 한반도에는 대부분 장마 후, 태풍이 오는 경우가 많기 때문에 비와의 한판이 늘 우리를 긴장하게 만듭니다. 한두 분도 아니고 500여 분이 넘는 분들을 모시는데 장대비라도 오게 되면 대책이 안 섭니다.

세동사역이 끝나가는 금요일 새벽이었습니다. 빗소리에 후다닥 잠이 깼습니다. 분명히 텐트 천장을 두드리는 빗소리였습니다. 새벽 5시가 조금 넘은 때였습니다. 빗줄기를 보기 위해 밖으로 나와보니 바람이 불어 비가 텐트 안으로 들이칠 정도였습니다.

불침번이 기상음악을 틀어도 되겠냐고 했습니다. 지금 모두 일어나 이 비를 보면 일할 마음들이 안 날 것 같아서 기상 시간을 한 시간 늦추고 조금 더 두고 보자고 했습니다. 행여 그 안에 그칠까 해서였습니다.

마을잔치가 가져다줄, 이 마을에 대한 섬김의 아름다운 마무리를 저 비가 가로막을 것이라는 생각을 하고 싶지 않았던 것입니다.

이 일이 잘 되기를 그 누구보다도 원하고 계심을 믿었기에 주님의 도우심을 간절히 구하며 하늘만 보고 있었습니다. 그럼에도 불구하고 비는 그칠 줄을 모르고 계속 퍼부어 댔습니다.

오전 7시. 결국 젖은 신발들을 신고 몇 발자국 옮겨 회관에 둘러앉았습니다. 푸석푸석한 얼굴들로 한시타임을 하려는데 밖엔 빗줄기가 여전했습니다.

이렇게 비가 오다간 잔치는커녕 어르신들이 문밖으로 나오시지도 않을 성싶었습니다. 우두커니 얼마간을 보냈습니다. 차마 누구도 비가 계속 오면 어떡하느냐 묻지도 못하고 있었습니다.

'지금 달리 할 수 있는 일이 있을까.'
"영근아, 우리 찬양하자."
E코드를 잡았습니다. 그러고는 이윽고 찬양을 시작했습니다.

1991년 마리면 병항마을

우리의 찬양은 기적을
만들 수 있습니다.

"맑고 밝은 날 난 주 이름 찬양하겠네.
맑고 밝은 날 난 주를 위해 살리."

그리고 뒤이어,

"비 오는 날도 난 주 이름 찬양하겠네.
비 오는 날도 난 주를 위해 살리."

비가 우리의 마음을 이렇게도 무겁게 하는 지금, 이 찬양은 우리의, 아니 우선 저의 믿음의 선택을 요구하고 있었습니다. 비 오는 날도 주 이름을 찬양할 수밖에 없다는 사실이, 입에 붙은 노래 가사가 아닌 실제 상황으로 벌어지고 있었던 것입니다. 이 찬양은 내 입술로부터 감사의 적극적 고백을 독촉하고 있는 것이었습니다.

아침식사를 마치고 마지막 숲과나무학교를 위해 빗속으로 달려나가는 일꾼들. 정오를 넘어서면서 빗줄기가 가늘어지기 시작했습니다. 잔치 자리에 마이크와 스피커를 설치하고 자리를 깔려면 조금이라도 비가 멈추어야 했습니다.

남자 숙소로 쓰던 텐트 두 동을 바닥에 펼쳐 주저앉혔습니다. 반듯이 펴니 꽤 많은 분들이 앉으실 수 있는 자리가 확보되었습니다. 바닥을 깨끗이 쓸어내고 흙이 안으로 들어오지 않도록 못자리판 덮는 비닐을 사서 텐트 주위를 한 번 더 둘렀습니다. 사역원 각자가 쓰던 수건들을 모아 자리를 깨끗이 닦았습니다. 한 장당 4명이 앉을 수 있는 흰 모조지로 식탁을 대신해 앉을 자리만큼의 간격을 두고 바닥에 붙였습니다.

이 노천 레스토랑에서 과연 오늘 오후 마을잔치가 벌어질 수 있을지. 잔치 자리를 정돈하고 음식을 준비하는 중에도 빗줄기는 굵어지기도 하고 가늘어지기도 하고 있었습니다.

몇 사람이 모여 대안을 짜기도 했습니다. 대형 비닐을 사서 사역원들이 모두 들고 서 있으면 어르신들이 식사하시는 동안 비를 피할 수 있지 않겠느냐, 각 마을별로 마을 회관에서 따로 잔치를 열면 안 되겠느냐…….

어쨌든 하늘이 맑게 트이지는 않았지만 비가 가늘어지기는 했기에 마을잔치를 진행하기로 했습니다.

금요일 오후, 한복을 차려 입고 마중을 나가는 사역원들의 손을 붙들고 어르신들이 삼삼오오 걸어오시고, 몇 대의 차가 어르신들을 모셔오기 시작했습니다. 정자나무 아래쪽으로 자리를 펴고 일단 그쪽으로 어르신들을 모셨습니다.

어르신들과 아이들까지 거의 모두 오셨다 싶었을 때도 빗방울은 떨어지고 있었습니다.

'지금 잔치 자리로 모셨다가 음식 드시는 도중에 비가 쏟아지면 어떻게 할까. 500명이 넘는 분들께 어떻게 그 섭섭한 잔치의 끝을 설명할까. 힘 빠져버릴 사역원들에게 다음 일을 어떻게 하자고 할까.'

이런 생각 저런 생각으로 머릿속이 꽉 찼습니다. 마을 회관 안에서 음식 준비가 끝났다는 연락이 왔습니다. 회관 안쪽에는 나중 나갈 음식, 입구 쪽에는 먼저 나갈 음식이 그릇 개수를 정확히 맞추어 채반에 담아 펼쳐져 있었고, '음식 서빙 시작'의 표시와 함께 수십 개의 광주리로 음식을 내보낼 터였습니다.

우리 소관으로 할 수 있는 일이 끝나는 시점에서 할 수 있는 일은 결국 믿음의 선택뿐이었습니다.

'믿음이 없이는 기쁘시게 못 하나니'

사역을 갔다 온 후 주위 사람들에게 마을잔치에 500여 명이 오셨다고 말하면 잘 안 믿으십니다. 시골에서는 그렇게 한꺼번에 사람들이 모이는 경우가 없다는 것입니다. 아무리 방송을 하고 일일이 모셔온다 하더라도 당신들 농사일이 있고 용무가 있으시기 때문에 그렇게 일제히 한곳에 모이시지를 않는다고 자신 있게 말합니다.

그런데 지금 정자나무 아래 수백 명의 어르신들이 기다리고 계시지 않

2005년 안의면 월림마을

섬겨야 할 분들을 만나기 위해서는
직접 찾아가서
손과 발로,
가슴으로 만나야 합니다.
우리의 체온으로 섬겨야 합니다.

습니까. 여기까지 왔으니 이젠 그저 믿고 일을 진행시키는 일만 남은 것이었습니다.

"어르신들, 죄송합니다. 이제 자리가 깔려 있는 이쪽으로 옮겨 앉으십시오."

모조지는 이미 많이 찢어졌고 자리는 빗물로 젖어 있었습니다. 사역원들이 한 분 한 분 모셔다가 자리를 배열하여 앉혀 드리는데 어르신들이 자꾸 주춤거리셨습니다. 한 할머님을 모시고 가서 앉으시기를 청하자 어찌할 줄 몰라 하시는 것입니다.

모처럼 많은 사람이 모이는 자리라 가지고 계신 옷 중 그래도 제일 깨끗하고 좋은 옷들로 입고 오셨는데, 빗물이 고인 자리에 앉으실 수가 없으셨던 것입니다.

젊은이들에게는 미안하지만 앉자니 옷이 젖겠고…….

벌써 발이 물에 젖어 미끈거리고 있었습니다. 순간 저는 마음이 한없이 조급해졌습니다. 의당 앉으실 자릴 닦아 드려야 하는데 닦아낼 걸레가 갑자기 어디 있단 말입니까.

방도가 떠오르지를 않았습니다. 마음이 다급해져서 저의 파란 티셔츠를 벗어들었습니다. 그리고 엎드려 바닥을 닦기 시작했습니다. 그랬더니 남자 사역원 전체가 모두 자신들이 입고 있던 파란 티셔츠를 벗어 바닥을 닦기 시작한 것입니다. 여자 사역원들은 옷자락을 잡아당겨 물기를 걷어냈습니다. 사역을 시작한 이래 식스팩(?)도 없는 몸매의 남자 사역원들이 그렇게 용감하게 윗옷을 다 벗기는 처음이었습니다.

옷을 벗어 바닥을 닦아내는 장면을 보시고 마을 어른들이,
"그렇게까지야……."
1주일 동안 우리의 섬김의 모습만 가지고는 어른들을 덜 녹여냈던 모양이었습니다. 그래서 비를 조건으로 우리를 더 들어 사용하여 섬김의 질을 높여내는 결과를 만드신 것 같았습니다.

결국 날씨는 사역의 좋은 도구였던 것입니다. 비는 어르신과 우리를, 아이들과 우리 사이를 좀 더 친밀하게 좁혀 놓았습니다. 일단 급한 불은 꺼서 다들 자리를 잡고 앉으셨으니 음식이 나가야 했습니다.

아직 비가 약간 흩뿌리고 있었으나 이제 밥을 국에 말든 빗물에 말든 잔칫상을 베풀어야 하는 것이었습니다.

"자, 초장 나간다."
십 수 명이 달려들어 광주리를 들고 뜁니다. 빈 광주리를 받아오면 안에서는 또 그만큼씩 담아서 다시 내어줍니다.
"이젠 김치다."
김치 그릇 광주리가 또 날라지고…….

음식 나가는 데에 순서를 정했습니다. 손으로 드실 수 없는 초장, 오징어회, 샐러드 등이 먼저 나가고 밥과 국이 그 후에, 떡과 과일은 맨 나중에 나가야 합니다.

먼저 놓인 곳과 나중 놓인 곳에서 서로 기분이 안 좋으실 수도 있고 아이들도 함께 먹고 있으므로 순서를 지키되 빠른 시간 내에 나와야 합니다. 잔치는 음식이 있어 즐거운 것이나, 그 음식을 잘 다루지 않으면 큰 낭패를 보기 때문입니다.

국을 나르고 있을 때쯤 문득 하늘을 보았습니다.
어느 사이 빗줄기는 멈추어 있었습니다.

그날 저녁 4H클럽 청년들이 그간의 수고가 고맙다며 찾아왔습니다. 그들 말로는, 그날 오후에 저쪽 산 너머에는 계속해서 장대비가 쏟아지고 있었다고 합니다.

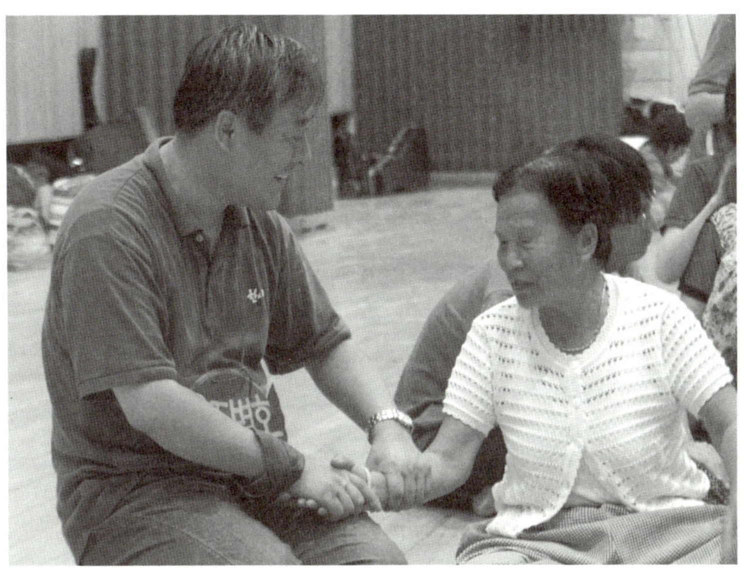

2010년 수동면 쇠바위마을

비는 어르신과 우리를,
아이들과 우리 사이를
좀 더 친밀하게
좁혀 놓았습니다.

비록 막걸리 잔이
돌진 않아도

금요일 저녁은 말 그대로 마을 잔치입니다. 연세 높으신 어르신부터 들쳐업은 아기들에 이르기까지 온 동네 사람들이 다 모입니다.

비빔밥이 적게는 300~400그릇에서 많을 때는 1,000그릇까지 나갑니다. 과일과 떡도 잔치이니 빠질 수 없습니다. 불편한 자리임에도 불구하고 사람냄새 물씬 풍기는 정말 즐거운 잔치가 벌어집니다.

즐거운 식사가 끝나면 동양악기와 서양악기가 서로 어울어져 환상적인 화음을 만들어 내는 '통(通)오케스트라' 의 멋진 공연이 펼쳐집니다.
여름밤 시골 마을에 울려퍼지는 오케스트라의 연주에 모두를 흠뻑 빠

2006년 신원면 실매마을

여름날 시골마을에
울려퍼지는
…
찾아가는
통通오케스트라
음악회

집니다. 그리고 이어지는 하이라이트 무대는 바로 하늘에서 쏟아지는 별가루 같은 마을 꼬맹이들의 무대입니다.

잔치의 꽃, 마을 아이들의 발표회가 시작됩니다.
이제 3일 동안 꼬맹이들이 선생님으로부터 배운 노래를 부모님, 할아버지, 할머니께 선뵈는 시간입니다.

"척곡 마을 어린이들, 어서 나오세요."

아이들이 키보드 반주에 맞추어 마을별로 행진해 무대로 나옵니다. 마을에서 평상을 빌려와 무대로 사용합니다. 무대에 선 아이들을 바라보시는 어르신들의 눈이 빛나기 시작합니다. 아이들을 어떻게 하든 돋보이게 하려고, 선생님은 무대 아래 젖은 땅 위에 무릎을 꿇고 아이들이 끝까지 율동을 잊지 않고 잘 할 수 있도록 도와줍니다.

"바람개비는 혼자 돌 수 없지요.
바람이란 친구를 만나야 하지요.
이와 같이 우리도 혼자 살 수는 없지요."

아직도 어른이 중심인 농촌마을에서 어린이들이 마음껏 꽃이 되는 시간입니다.

2008년 대의면 심지마을

새싹들의 입에서
별가루처럼 쏟아져 나오는
그 예쁜 노래는 세상에서
가장 아름다운 모습입니다.

"보소, 쟈가
우리 손녀딸이라예"

어르신들은 당신의 아이들이 평상 위로 올라서자 기특하고 기분이 좋으서서 "잘한다, 잘한다." 하시며, 함박웃음을 지으시고 박수를 치십니다.

"어, 저기 자네 손자 나왔어."
"오라, 허허."
"보소, 쟈가 우리 손녀딸이라예."

우리는 어르신들께 "3일간 그 9시간 동안 아이들과 만나 이런 일을 했습니다." 하고 검사를 받고 있는 것입니다. 3일 9시간 후 새싹들의 입에서 별가루처럼 쏟아져 나오는 그 예쁜 노래는 세상에서 가장 아름다운 모습입니다.

아이들의 발표회가 끝나면 그 흥이 자연스레 어른들의 어깨로 전달되어 함께 어우러지게 됩니다.

"어르신이 좋은 걸 어떡합니까
세상에 어떤 것도 바꿀 수 없네"

떠날 시간을 미리 정해 놓았기에 간다는 말씀을 드리기가 그리 어렵지는 않지만, 역시 떠나는 일은 쉽지 않습니다.
잔치가 끝나면 마을 분들을 다시 마을로 모셔다 드리기 전에, 사역원들이 모두 앞에 나와 한 줄로 길게 늘어섭니다. 문을 닫는 예절을 지켜 한 말씀을 드립니다.

"부족한 저희들이 어르신들의 보살핌 속에
1주일간을 잘 보내고 올라가게 되었습니다.
그간 어르신들께서 저희를 따뜻이 대해주신 것이
참으로 고마워 떠나기가 참으로 아쉽습니다."

그리고 다 함께 땅에 엎드려 부모님께 하듯 큰절을 올려드립니다.

한시 산타

'어디 뭐가 맛있다더라.'

언제부터인가 이런 맛집 정보가 홍수를 이루고 있습니다. 먹는 것 정말 중요합니다. 그래서 우리는 "배불러 죽겠다", "배고파 죽겠다"를 번갈아 말하며 하루하루를 삽니다.

하지만 우리 주님은 '식사하실 겨를도 없이' 사람 사랑하시는 일에 최선을 다하셨습니다. 그래서 우리도 52주 가운데, 단 1주일만이라도 우리 주님을 닮아 식사할 겨를도 없이 한번 사람 사랑하고 섬기는 일을 해보자고 사역지로 내려가는 것입니다.

우리가 정성을 다해 모은 물적 자원으로 그렇게 힘들게 결심하고 내려간 사역지에서 1주일간 우리가 다 먹고 쓰고 돌아온다면 무슨 소용이 있겠습니까? 가장 의미 있게 모은 이 자원을 의미 있게 사용하기 위해 최선을 다하는 것도 우리의 중요한 일이라 생각합니다.

그래서 우리 먹을 것은 각 진별로 미리 준비해갑니다. 주로 콩자반, 깻잎, 마늘쫑, 멸치볶음, 그리고 쌀 등을 준비해가서 우리는 그것으로 매끼 식사를 해결합니다.

그리고 소중한 물적 자원은 차량, 주유비, 톨게이트비, 그리고 대부분은 전적으로 그 마을을 위해 사용합니다. 경로잔치와 마을잔치, 그리고 가장 신경을 많이 쓰는 부분은 바로 '한시 산타' 입니다.

1주일 동안 지내며 이미 각 가정의 부엌에 숟가락이 몇 개고, 소와 개가 몇 마리인지까지 알아둔 터라 어느 댁에 이 마지막 선물을 드려야 할지 금요일쯤이면 결정이 됩니다. 그 댁 어르신 모르시도록 밤에 조용히 갖다놓기 위해서 마을의 지형지물도 샅샅이 익혀둡니다.

별것 아닌 물건을 갖다 드리면서 그 어르신이 알게끔 드리면 받음직한 섬김이 못 되니 밤에 조용히 가져다 드린다 해서 '한시 산타' 라 부르기 시작했던 것이 이제 그 사역의 이름이 되었습니다.

한시 산타 선물 꾸러미에 들어가는 것은 라면 한 상자, 쌀 두어 말, 쇠고기 두어 근, 속내의 두어 벌, 안마기, 찜질기, 가정상비약 등등, 그리고 잔치 때 따로 준비해둔 과일과 떡 등입니다.

죄송하고 미안한 마음으로 받음직한 선물이 되기를 간절히 소원하며, 금요일 밤에 각 진별로 뽀대 안 나는(?) 산타들이 밤길을 나섭니다.

발자국 소리에 어르신이 깨지 않으시도록 살금살금 집으로 다가가면 혹 이웃집 개라도 짖을까봐 정말 도선생이 된 기분이 되기도 하고, 또 쥐 생원이 마루 위에 놓인 것에 탐을 낼까봐 인기척을 해놓고 도망치듯 마을을 빠져 나오기도 합니다.

2006년 신원면 대안마을

이와 같이 너희도 명령 받은 것을
다 행한 후에 이르기를
우리는 무익한 종이라
우리가 하여야 할 일을 한 것뿐이라 할지니라
(눅 17:10)

무익한 종의
노래

　토요일 이른 새벽. 어젯밤 갖다놓은 꾸러미를 풀어보신 어르신께서 우리 베이스캠프로 찾아오시기 전에 마을을 떠나기 위해 우리는 그 새벽 바쁘게 서둡니다. 그분들이 받은 것에 대한 미안함을 갖고 계실 때, 우리가 그 자리에 있어선 안 될 것 같아서입니다. 그러나 아무리 서둘러도 꼭 몇 분씩은 우리가 타고 갈 버스가 오기 전부터 나와서 서 계시기도 합니다.

　사곡에 살았던 학준이는 듣지 못해 말을 할 수 없는 아이였습니다. 혼자서 공을 차며 운동장을 맴돌던 아이였습니다. 우리가 마을을 떠나는 토요일 그 이른 새벽부터 운동장 구석 철봉 가에서 우리 쪽을 지켜보면서도 다가와 어찌 표현을 못하고 있는 학준이의 모습이 지워지질 않습니다.

천하에 대해서 모르는 우리이기 때문에 천하보다 한 생명이 귀하다고 말씀하시는 주님의 말씀의 진지한 가치를 다 알지 못합니다. 천하를 지으실 때, 우리는 거기에 없었고 그 이후에도 그에 대해 다 알 능력이 우리에게 없기 때문입니다. 한 영혼이 천하보다 귀하다…….

한 교회가 세워지기까지의 땀방울과 눈물의 나날들을 우리가 모르기 때문에, 즉 교회의 첫사랑을 알지 못하기 때문에 교회의 진정한 귀함을 모를 수도 있습니다. 1주일간 어르신들을 섬기면서 그 첫사랑을 맛본 사람들은 그 다음 주일날 교회에 돌아와 예배를 드릴 때, 자신의 교회가 그렇게 귀할 수가 없다고들 말합니다.

이제 다시 월요일날 우리가 출발했던 곳에 도착했습니다. 다들 자기 짐들을 꾸려 들고 흩어지고 있는데 전화박스로 몇 사람이 달려가는 것이 보였습니다. 1주일간 못 뵌 부모님께 무사히 도착했음을 알리는 전화이려니, 못한 효도를 하는 것이겠거니 생각했습니다. 그 옆에서 무심결에 들었더니 통화 내용은 이러했습니다.

"엄마, 지금 집에 가니까 도착하면 먹게 수박 사다 놔 주세요."
마을잔치 때에 보기만 하고 먹지 못했던 수박 생각이 내내 그렇게 간절했었던 모양입니다.

콧김이
닿을 만큼

콧김이
닿을 만큼

"우리 다시 만날지도 몰라."

그 여름의 1주일 중 마지막 날 나무 위에 걸린 현수막과 풍선장식을 떼어 내리며 자기 짝꿍 꼬마 귓가에 가만히 들려주었던 말입니다. 그 가느다란 소망의 끈을 아이들은 참으로 끈질기게 붙들고 있었습니다.

사역에서 돌아온 다음부터 그 아이들과 나눈 편지 내용은 한결같이 이렇습니다.

"선생님을 언제 만날 수 있을까요?"
"꼭 만날 수 있다고 하셨죠?"

2009년 병곡면 소현마을

손과 손이 만나고,
눈과 눈이 만나면
아이들은 자신들의 몸
구석구석에 박힌
선생님의 시선을
기억할 것입니다.

'만날지도'를 '꼭 만날 수'로 바꿔놓고
아이들이 그렇게 우리를 기다렸던 것입니다.

아이들이 서울로 올라온다는 소식을 듣고 당신 집에 데려가 재우고 먹이고 했으면 좋겠다고 하시는 분들이 계셨습니다. 그러나 정중히 거절했습니다. 사실 그렇게 민박을 시키면 어떨까 하고 생각해본 적도 있습니다.

그러나 3박 4일의 서울 가정에서의 민박체험은 집으로 돌아가면 곧 부러움과 위화감으로 바뀔지도 모른다는 생각이 들었습니다.

그래서 공동생활을 할 수 있는 종로5가 한국교회 백주년기념관이나 여전도회관에 잠자리를 잡았습니다. 복도를 따라 나란히 있는 방 5개 정도를 빌려서 기거합니다.

초등학교 때 서울에 한 번 올라와서 차를 타고 가며 밤 풍경을 보았던 기억이 있습니다.

그때 눈이 부시도록 환한 상점의 불빛과 번화한 거리의 모습을 저는 집으로 돌아간 이후에도 오래도록 잊을 수가 없었습니다. 서울 거리의 겉모습만을 보고 제 자신의 형편에 왜소함을 느낄 수밖에 없었던 것이었습니다.

서울에 대해 쉽고 편하게 소개해준 내용들, 도시인들의 일시적이고 '사랑합니다. 고객님'의 친절들만이 부각되면 곤란합니다. 만약 아이들의 삶이 지치고 힘들어졌을 때 그러한 표면적 과장이 생각나 그를 사로잡을 수가 있기 때문입니다.

고학에서 왔던 화섭이는 바지에 티셔츠 하나만을 입고 방문을 나섰답니다. 사역원이 서울은 춥다고 했더니 화섭이 어머님이 옷이 없다며 교복 윗도리를 입혀 보내셨습니다.

그러니 여분의 양말을 챙겨오는 아이는 더더욱 없습니다.

저녁에 벗어놓은 양말을 빨아서 요 밑에 넣어 두었다가 아침에 깨끗하고 꼬들꼬들한 양말을 신겼으면 했습니다. 그런데 양말이 빨리 잘 안 마를 때가 많아 짝꿍 선생님이 하나씩 더 준비해온 양말로 바꿔 신기기도 합니다.

이렇게 한 방에서 선생님과 서로 부대끼며 3일 밤을 보냅니다.

아이들 사이사이에서 선생님이 한 명씩 끼여 잠을 잡니다. 어린아이들이라서 그런지 잠버릇이 심하기도 합니다.

잠자리에 들 때와 일어날 때의 누워 있는 형태가 전혀 달라 선생님들이 자꾸 밀려가기도 하고, 누가 우는 소리를 내서 놀라 일어나 들여다보면 잠꼬대로 이야기도 하고 웃기도 하고 있습니다.

이렇게 선생님과 아이가 80시간을 가까이 부대끼며 지내면
아이들의 마음 끝을 읽을 수 있습니다.

그 까닭에 선생님과 꼬맹이는
서로 콧김이 닿을 만큼 빽빽이 누워 함께 자는 것입니다.

2009년 병곡면 소현마을 숲과나무학교

웃음 있는 나라 헤이 헤이
기쁨 있는 나라 헤이 헤이
…
미움 다툼 시기 질투 전혀 없고요
달콤한 사랑만이 가득 넘쳐요

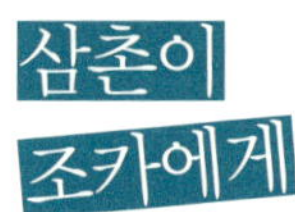

삼촌이
조카에게

　무엇보다 실내에서 아이들이 즐기는 것은 엘리베이터 타고 오르내리기입니다. 그들에게 있어서 엘리베이터를 기다리고 타는 그 짧지 않은 시간은 어딘가를 가기 위한 수단으로 타려고 지루하게 기다리는 시간이 아니라 그 자체로 즐기는 시간입니다. 비록 좀 어지럽긴 하지만 말입니다.

　제가 스무 살 때의 일로 기억됩니다. 서울에 올라와 어떤 건물에 들어가서 엘리베이터를 타야 했습니다. 생전 처음 타보는 것이었습니다.
　주위에 아무도 없고 엘리베이터 문은 굳게 닫혀 있을 뿐이었습니다. 엘리베이터가 꼭대기 층에 서 있는 것 같은데 어떻게 해야 1층까지 내려오게 하는지 알 수가 없었습니다. 결국 저는 전화를 걸어 가까운 친구를 불러내어서 엘리베이터 타는 방법을 물어봐 탔었습니다. 그날 친구가 저를 '촌놈'이라고 많이 놀렸습니다.

이런 경험이 아이들과 엘리베이터 안에서의 시간을 어떻게 보내야 할지에 대해 알게 해줍니다.

"선생님은 스무 살에 이거 처음 타 보았지."
"진짜라예?"
"그럼 진짜지."

엘리베이터가 올라감에 따라 숫자가 바뀌어 불이 들어오는 것을 올려다보고 있던 아이들은, 서울 선생님도 어릴 때부터 이런 기계를 타고 다닌 게 아니라는 사실에 조금은 의아해 합니다.

실내에서는 제한된 공간 안에서 철석같이 믿는 선생님만 바라보고 있으니 별 탈이 없는데, 당장 둘째 날 아침부터 서울 한복판을 다니게 되면 주의를 기울여야 합니다. 100여 명 정도 되는 대식구가 움직이면 아무래도 사람들의 눈길을 사게 됩니다. 그러므로 둘씩 손잡고 적당한 거리를 두고 흩어져 인파 속에 묻혀서 갑니다.

삼촌과 조카처럼.

이동할 때는 지하철을 탈 때도 있습니다. 개찰구 근처에 가면 꼬맹이가 조금 주저하는 것을 금방 느낄 수 있습니다. 이때,

"여기에 넣어."

"이제 그냥 지나가."

이렇게 말하면 아이는 금방 창피하다는 생각을 하게 됩니다.

개찰구 근처에 오면 선생님이 먼저 표를 꺼내서 표를 준비해야 한다는 사실을 무언으로 알리고, 앞서서 표를 집어넣으면 아이는 자연스럽게 선생님이 먼저 한 것을 따라합니다.

요즘은 지하철 타는 방식이 또 바뀌어서 저도 다른 사람 하는 것을 살짝 보고 따라하려고 합니다.

2002년 영현면 꼬맹이들

비는 결코 없어지지 아니하고
땅 속으로 스며들어
새로운 생명 싹띄움에
수분을 제공할 것입니다.

그리고
언젠가 마음껏 꿈을 꿀 것입니다.

이리 높은 덴
처음이라예

과천 서울대공원에 도착하면 아이들이 저쪽 멀리에 보이는 놀이동산을 자꾸 쳐다봅니다. 아이들을 그 안에 풀어놓고 여러 놀이기구를 많이 태우면서 하루 종일 보내도 되겠지만, 그리해서는 신나게 놀았다는 기억은 있겠지만 선생님과의 은밀한 시간은 만들 수 없어서 한산한 동물원을 택했습니다.

처음 몇 해 동안은 동물원 안까지 걸어갔지만 이제는 좀 여유가 생겨 코끼리차를 타고 들어갑니다.

동물원 안으로 일단 들어가면 그 넓은 곳으로 모두 흩어집니다. 각 팀이 서로 안 마주치도록 의도적으로 구석을 택해서 숨어버리는 것입니다.

우리가 여름에 마을에 들어갔을 때 의지하게 되는 것은 옆에 있는 동료 사역원들이었습니다. 나머지 마을 어르신들은 당신의 고향이어서 익숙하지만, 우리는 그 토양이 어색하니까 우리들끼리 서로 의지하고 싶어지는 것입니다. 이제 아이들이 서울에 올라오면 같이 올라온 동네 친구들과 더 뭉치고 싶은 생각이 들 것입니다. 하지만 선생님만 의지하도록 해야 할 것 같아서 아예 그렇게 떨어져 다니는 것입니다.

천천히 적당한 장소를 잡으면 앉아서 손톱을 깎아주고 귓속을 소제해 줍니다. 그리고 아이가 서울 온 이래 아직 화장실을 못 간 것 같으면,
"나 화장실 가야겠는데 같이 가자. 나는 시간이 좀 걸릴 거야."
하고 말하며 화장실에 데리고 가 같이 볼일도 봅니다.

환경이 바뀌고 음식이 바뀐 데다 낯선 화장실을 못 간 친구가 있을 수 있기 때문에 선생님이 간다고 하면 화장실에 따라갈 마음이 나고, 선생님이 밖에서 기다리는 게 아니고 같이 간다면 편할 수 있을 거라 생각해서 그렇게 화장실 동행을 하는 것입니다.

"판식아, 무섭니?"
동물원에서 버스가 있는 주차장까지는 리프트를 타고 내려옵니다.
"예, 이리 높은 덴 처음이라예."
제일 높이 올라가 본 곳이 학교 2층이랍니다.

판식이는 고학 꼬맹이 물주기사역의 제 짝꿍이었습니다. 모자챙을 꺾어서 푹 눌러 쓰고 다니면서 대장 선생님의 짝이 되었다고 우쭐해하던 아이였습니다.

그 개구쟁이가 리프트 아래를 내려보다가 어지럽다면서 제 등 뒤로 숨는 것입니다. 리프트는 선생님을 가장 멋있는 보디가드로 만드는 기구였습니다.

1991년 마리면 고학마을

"판식아 무섭니?"
"예, 이리 높은 곳은 처음이라예."
제일 높이 올라가 본 곳이
학교 2층이랍니다.
판식이는 모자챙을 꺾어서
푹 눌러 쓰고 다니면서
대장 선생님의 짝이 되었다고
우쭐해 하던 아이였습니다.

나눠 먹는
소화제

여기저기 이렇게 나들이를 하다보면 배가 출출해집니다. 3박 4일간 먹는 일도 빼놓을 수 없는 일정입니다. 뭐니 뭐니 해도 제일 마음 써서 먹이게 되는 코스는 바로 돈가스입니다.

"어디 근사한 데 간다면서요."

아이들과 함께 분위기 좋은 식사 시간을 만들어 보기 위해 먼저 약간 분위기를 띄워 놓자고 했더니 명수가 벌써 소문을 듣고 물어왔습니다.
"응, 돈가스 먹으러 갈 거야."
"와~~~."

포크와 나이프를 못 잡을 정도의 어린아이를 맡은 선생님은 자기 접시의 고기를 작게 썰어 아이 접시와 바꿔줍니다. 어느 아름다운 연인들의 식사보다 더 우아하게 아이들과 돈가스 데이트를 즐기며 말입니다.

먹으러 가거나 구경을 하러 가거나 어디를 가든 목적지를 미리 말하지 않습니다. 한 코스를 끝내고 다음 장소를 향해 버스에 올라탈 때쯤 돼서야 다음 목적지를 말하는 것입니다. 미리 다 말해두면 출발하기도 전에 아이들이 벌써 마음속에서 서울 일주를 한번 하고 돌아오고, 혹시 사정이 여의치 않아 말한 코스 중에 한 군데라도 못 가게 되면 실망합니다.

어디를 갈 것인가를 '기대' 하게 하고 싶었던 것입니다.
그래서 기대라는 것이 무엇인지 느껴보게 하고 싶었습니다.
그 기대의 건널목을 놓아주는 것이 짝꿍 선생님이 할 일입니다.
꿈을 심어준다는 것은 그렇게 말처럼 쉽지 않습니다.

부족함 없는 환경에서 자라 원하는 대로 성취하고 획득하는 삶을 사는 이들도 어느 정도 나이가 들어 어른이 되면 현실 속에 꿈을 갖고 그 꿈을 현실로 바꾸어내는 것이 얼마나 힘들고 어려운지를 알게 됩니다.

지난여름 떠나오면서 "겨울에 서울로 너희를 초대할 거야."라고 명시적으로 이야기하지 않고 '만날지도' 모른다고 얘기했던 것도, 그 작은 기대의 실마리가 여섯 달 후 바로 눈앞의 현실로 이루어지는 것을 보여주고 싶었기 때문이었습니다.

일정표를 짜다보니 신당동 떡볶이집에 갔다가 바로 돼지갈비집으로 향하게 되었습니다. 돼지갈비를 맛있게 먹으려면 떡볶이를 많이 먹으면 안 되는데 어찌할까 하다가 이 조건을 오히려 활용하기로 했습니다.

"많이 먹지 말고 조금만 먹어."

그렇게 말해도 아이들이 자꾸 떡볶이에 손이 가면 그만 먹으라며 냄비에 남은 떡과 사리를 선생님들이 싹싹 긁어 먹습니다. 아직 시장기가 안 가신 채로 떡볶이집을 나서면 아이들은 말도 못할 정도로 화가 날 텐데 참느라 애를 씁니다.

차에 올라 10분을 채 못 가서 돼지갈비집에 도착하면 그제야 모두들 빠른 속도로 차에서 뛰어내립니다.

"떡볶이는 많이 먹지 말랬지~."

아이들을 데리고 찾아가는 그 돼지갈비집은 우리 꼬맹이들이 선생님들과만 먹을 수 있도록 자리를 따로 마련해두고 항상 편안하게 대해주십니다. 10분간의 오해를 말끔히 푼 아이들은 익어가는 고기를 바라보고 있습니다. 이제부터 선생님들은 고기가 익는 대로 바로 쌈을 싸서 아이 입에 계속 넣어줍니다. 몇 쌈 받아먹던 아이들은 이제 됐다며 고개를 내젓습니다.

"이제 배불러예."
"그래, 그래, 이제 한 번만 더 먹어."
하며 한 쌈 크게 입에 한 번 더 넣어줍니다.
그리고 다시 한 쌈 싸서 들면,
"이제 정말 배불러예."
하며 물러나 앉으려 합니다.
"알겠어. 이거 딱 한 번만 더 먹어."

이제 정말 못 먹겠다고 뒤로 물러나 앉으면 그때 남은 고기를 선생님들이 달달 긁어 먹습니다. 지금까지 냄새만 맡고 못 먹었으니 실제로 정말 먹고 싶기도 했겠지만……

먹을 땐 좋았으나 아이들의 위가 놀라지 않을까 걱정이 되었습니다. 소화제를 주어야겠는데…….
아예 제가 직접 다니며 선생님과 꼬맹이 모두에게 소화제 한 알씩을 나누어 주었습니다.

돼지갈비 한 끼 먹었다고 배탈 날 선생님은 없을 테지만 아이들이 거리낌 없이 소화제를 먹을 수 있도록 함께 먹는 것입니다.

초창기 사역할 때 소화제를 나누어주면 자신은 안 먹어도 괜찮다고 손을 내젓는 사역원이 꼭 1~2명씩 나왔습니다. 그런 경우엔 아이들이 옆에서 듣고 있어서 뭐라고 말도 못하고 참 속이 탔었습니다.

꼬맹이들을 받음직하게 섬긴다는 것은 소화제 한 알까지 나눠 먹는 사소한 일에서부터 시작됩니다.

찻잔 속의
태풍

3박 4일간의 여정이 끝나가는 마지막 저녁, 함께 연극을 했습니다. 4팀으로 나뉘어 선생님들이 소품준비, 분장, 조명, 음향의 허드렛일을 맡거나 엑스트라가 되고, 아이들이 주인공이 되어 꾸미는 짧은 성극이었습니다.

연극 시작 전, 아이들은 생전 처음 얼굴에 분칠을 하고는 서로 바라보고 거울을 들여다보며 연신 깔깔거렸고 선생님들은 순서에 맞게 아이들이 준비하고 있는지 확인하느라 분주했습니다.

무대가 잘 보이지 않아 마당 연극처럼 키 작은 꼬맹이는 앞에 나와 바닥에 앉고 뒤에서는 의자에 올라섰습니다. 4편의 연극을 돌아가면서 하므로 모두들 분장을 하고 의상을 입고 있으니 다들 관객이면서 배우였던 것입니다.

무대에 불이 켜졌습니다. 꼬맹이, 선생님, 꼬맹이, 선생님의 순서로 동그랗게 원을 만들어 누웠습니다. 베데스다 연못입니다.

베데스다 연못에 물이 동합니다.
꼬맹이와 선생님이 상반신을 일으켜 세우며
앞, 뒤, 옆 할 것 없이 마구 손을 내젓습니다.
그리고 입으로는 음향 효과를 냅니다.
뽀글뽀글, 뽀글뽀글.

이때 무대 구석에서 1명씩 병자들이 등장합니다. 수줍음을 타는 아이들에겐 그냥 걸어 나오기만 하면 되는 병자 역을 시키다보니, 선생님들은 몰골이 흉하고 어려운 역을 맡게 되었습니다.
병찬이는 무대인지 객석인지 구분이 안 되는 좁은 바닥을 온몸으로 기어서 나오는 병자 역을 맡았고, 용래는 몸을 옷으로 꽁꽁 감아 묶고 얼굴과 손발을 비틀면서 들어왔습니다.

제가 보기엔 그 역을 맡은 사역원들이 다른 점잖은 곳에 가서 그런 표정을 짓고 나타날 친구들이 아니었습니다. 아이들이 보고 까르르 하며 재밌어 하니까, 주인공인 아이들을 빛내주는 조연이 되기 위해 애써 '몸부림'을 치고 있는 모습이었습니다.

주인공을 맡은 꼬맹이 목소리가 뒷자리까지 잘 안 들리는 것이 문제였습니다. 수줍어서 말 못하는 아이 아래로 마이크를 갖다대 주어야 하는데 그러면 선생님의 뒷모습으로 아이를 전부 가리게 될 것만 같았습니다. 그래서 한 선생님이 무대 앞에 아예 눕다시피 하여 이동 마이크가 되어 줍니다.

한 쪽 방에서 박장대소가 터지며 연극이 진행되는 동안 다른 한 쪽 방에서는 촛불이 하나 둘 켜지고 있습니다.
직장을 다녀 아이들과 낮 시간을 함께 보내지 못한 몇몇 사역원들이 저녁 시간에 와서 만찬을 준비하는 것입니다.

세동 꼬맹이와의 만찬은 여전도회관 2층의 김마리아관에서 베풀어졌습니다. 그날 오후 그곳에서 결혼식이 있었는지 신랑과 신부 입장하는 곳에 놓는 멋진 꽃 아치가 있었습니다.

그것을 끌어다가 아이들이 들어오는 문 바로 안쪽에 세워두었습니다. 만찬상을 가운데 놓고 선생님들이 벽 쪽으로 빵 둘러섭니다.

물주기사역 중 이 시간처럼 긴장이 되는 때가 없습니다. 문을 열고 들어설 꼬맹이 하나하나의 표정을 생각하면서 어디 준비가 덜 되지는 않았는지 세심하게 챙기게 됩니다.

"자자, 이제 아이들 들어온다!
노정호, 너는 왕 베이스 잘 깔고.
나머지도 화음 잘 넣고,
자기 짝꿍이면 바로 뛰어가서, 알지?"

이제 케이크 위의 촛불을 끌 차례입니다.

"정희와 선생님, 앞으로 나오세요."

둘은 서먹서먹하게 서로 멀찌감치 떨어져서 걸어나옵니다. 둘은 서로 마주 서서 촛불을 힘껏 불어 껐습니다. 그 둘을 부른 데는 그럴 이유가 있었습니다.

우리 사역은 1대1이었기 때문에 1대1 사이만이 갖는 찻잔의 맛이 있습니다.

달콤한 맛이기도 하고 때로는 찡하니 쓰기도 합니다.
또 어떤 팀의 찻잔 속은 태풍으로 휘몰아칠 때도 있습니다.
각기 자신들 팀의 찻잔 속에
크고 작은 '티격태격'이 있었던 것입니다.

그런 '티격태격'의 케이스 중 하나가 지금 촛불을 끈 팀이었던 것입니다. 정희는 수줍음을 많이 타고, 그 나이 또래의 여자 아이들이 갖고 있는 새침함과 욕심을 갖고 있는 아이였습니다. 여자 선생님들도 많은데 남자 선생님과 짝이 된 것이 조금 쑥스럽기도 했던 것 같습니다.

하여튼 그 팀의 3박 4일은 내내 갖은 실랑이와 화해와 다시 토라짐의 연속이었습니다.

사실 우리는 이 물주기사역 중에 우리가 할 수 있는, 그리고 해야 하는 몇 가지 일을 정해 놓았습니다. 그 중 첫 번째 일이 손잡는 일입니다.

땀이 나도록 손을 잡고, 두 손 사이의 땀을 선생님이 자기 옷에 문지르고 다시 잡고, 그래서 아예 손으로 대화를 하자고 했었던 것입니다.

저는 앞에서 인솔을 하면서 제 짝꿍을 데리고 다녀야 하기 때문에 짝꿍에게 그리 많은 이야기를 못해줍니다.

그래서 짝꿍 명수에게 손으로 이야기를 걸었습니다.

2001년 무안면 운정마을

저의 1대1 꼬맹이 친구들
병관이,
인경이,
판식이,
만국이,
그리고 명수······.

손 전체를 만지다가 한 손가락만 세게 만지다가

손톱을 갖고 장난을 하다가…….

땀이 나면 한 손가락만 걸고 있다가 식으면 또 꼭 잡고…….

손가락 하나로 마치 무전을 치듯

리듬에 맞추어 꾹꾹 누르기도 합니다.

물론 명수야 겸연쩍어 어찌하든 제 손 안에서 빠져 나가려고 합니다. 하지만 저는 아랑곳하지 않고 손 무전을 계속 보냅니다. 차 안에서 피곤하여 잠시 졸 경우에도 손만은 절대 놓지 않았습니다. 그렇게 이야기를 했더니 만 하루만에 손으로 대답이 돌아왔습니다.

그 아이도 제가 했던 식으로 손에다가 장난을 걸면서 제게 손가락 말을 붙여 오는 것이었습니다. 어찌나 기쁘던지 그날 밤 한시타임 때 사역원들에게 '우리 명수가 글쎄…….' 하면서 자랑을 했습니다.

그런데 이 팀은 손으로 대화는커녕 지금껏 손가락 하나 잡지 못하고 있었던 것입니다. 오히려 정희가 선생님을 꼬집고 뜯고…….

아이들은 아무에게나 투정하지 않습니다. 투정할 만한 상대가 되니까 투정을 하는 것입니다. 이 태풍 덕분에 그는 한 영혼을 사랑한다는 것에 대해 다시 깨닫게 되었다고 후에 심정을 털어놓았습니다.

그런 일들은 항상 있어 왔습니다. 이 물주기사역을 준비하기 위한 준비위원이 몇 명 있습니다. 그들은 식당에 미리 가서 올 시간을 알린다든지, 주차장이 확보가 되어 있나 확인한다든지, 방 열쇠를 갖고 있어 늦게 출발하고 빨리 도착해야 된다든지 하는 일을 맡고 있었습니다. 그러므로 그 짝꿍도 같이 뛰고 같이 서둘러야 했던 것입니다.

한 번은 준비를 맡았던 한 친구의 짝꿍이 선생님과 함께 자기까지 뛰어다녀야 하니까 다른 아이들보다 힘이 든다고 생각을 했던 것 같습니다. 그래서 선생님 손을 쥐고 뛰기만 할 뿐, 입을 한 자는 내밀고 다녔습니다.

그런데 그가 일정이 끝나갈 무렵 뭔가를 깨달은 것입니다. 자기가 이렇게 힘들면 같이 뛰고 있는 선생님도 힘들 것이라는 것을.
그래서 나중엔,
"우리 선생님이 너무 고생해서 속상해예."
하며 눈물을 글썽이는 것이었습니다.

이런 일들은 선생님과 꼬맹이가 1대1로 만나지 않고는 일어날 수 없는 일입니다. 그래서 사랑의 만찬 시간은 소용돌이로 휘저어졌던 마음들을 모두 쓸어내리고 그렇게 해서 서로에게 옭아매진 마음은 잊히지 않게 하는 시간이 됩니다. 그래서 더 잘해주지 못해 안타까워 울고, 선생님과 헤어진다니 투정부렸던 것이 후회되어서 울고…….

우리 사역은 마음으로 하는 사역이었습니다. 동물을 보면서나 음식을 먹으면서나 버스 안에서나 타들어가는 마음뿐이었습니다.

그리 많은 말을 하지 않더라도 마음을 전할 수 있는 일을 하려고 했습니다. 그래서 입으로 많은 것을 말해버리는 세상에서 더디고 다소 무딘, 손으로 말하는 방법을 택했던 것입니다.

저의 1대1 꼬맹이 친구들로 만났던 병관이, 인경이, 판식이, 만국이, 그리고 명수…….

더 큰 기쁨을
위하여

꼬맹이들은 피곤하여 곯아 떨어진 것 같습니다. 늦은 시간이었지만 우리는 꼬맹이들을 내일 아침 떠나보내려면 할 일이 있었습니다.

사진을 현상해왔습니다. 요즘은 1시간이 채 안 되어 사진이 현상되어서 마지막 날 저녁에 찍은 사진까지 그날 밤 모두 받아볼 수가 있습니다.

동물원과 대공원에서 찍은 꼬맹이 독사진,
방송국의 녹화 현장에서 찍은 사진,
국회에서 국회의원과 찍은 사진,
선생님들과 함께한 시간들이 담겨 있는 사진……．

사진 찍는 선생님이 가는 곳마다 따라다니면서 사진을 찍는 것을 아이들이 다 지켜보았습니다. 그리고 아이들은 내심 '그 사진은 언제 볼 수 있을까, 금방 집으로 돌아갈 텐데' 하며 궁금해 하고 있었을 것입니다.

이제 그 궁금증을 내일 오후쯤이면 풀 수 있도록 하는 작업을 해야 하는 것입니다.

짝꿍 선생님과 꼬맹이가 함께 찍은 독사진은 5x7 크기로 확대하여 액자에 넣습니다. 이 액자는 아이들의 책상 앞에 오래도록 놓일 것입니다.

짝꿍 선생님과 함께 밥을 먹는 모습이나 놀이기구를 타는 모습 등의 스냅 사진 뒤에는 선생님들이 엽서를 씁니다.

그 외에 몇 개의 단체 사진과 스냅 사진을 더 나누어 각 사역원에게 돌립니다. 사역원들은 자기 짝꿍의 손에 쥐어질 사진에 짝꿍 얼굴이 잘 나왔는가를 확인하고 액자와 엽서 사진과 함께 모아 놓습니다.

이곳저곳 다니면서 받아둔 것들이 있었습니다.

연암 사이언스홀에서 받은 저금통도 그중 하나였습니다. 기념이 될 만한 남산 타워 설명서, 서울대공원 입장권도 넣고, 국회와 방송국에서 선물한 기념품, 꼬맹이들을 위해 준비한 학용품과 책들도 함께 챙겨놓습니다.

그리고 사역원들이 개인적으로 준비한 5,000원 상당의 선물들과 함께 챙겨놓은 것들을 모두 쇼핑백에 넣습니다. 선물은 꼬맹이들이 서로 비교하지 않도록 비슷한 가격대로 마련합니다.

저는 명수에게 줄 스테이플러를 포장해서 넣었습니다. 종이를 여러 장 묶을 때 사용하는 스테이플러는 한번 사두면 두고두고 쓸 수 있는 것이어서 우리 명수 손에 오래 머무를 수 있을 것입니다.

쇼핑백 위를 봉한 후에 우측 상단에다가 견출지로 꼬맹이의 이름을 써서 섞이지 않도록 합니다. 그리고 그 쇼핑백들을 다시 마을별로 묶어놓습니다.

이 꾸러미들을 한 쪽에 안 보이게 두었다가 내일 아침 꼬맹이들을 태우고 갈 버스 밑의 화물칸에 아이들이 모르도록 실을 것입니다.

이른 아침 식사를 마쳤습니다.

어느 때보다 조용한 식사 시간이었습니다. 짝꿍에게 겉옷을 잘 입히고 하나 둘 숙소 밖으로 나옵니다.

아이들은 길가에 서 있는 버스가 며칠 전 마을에서부터 타고 올라왔던 버스인 것을 알아보고 이제 떠날 시간인 것을 압니다.

그리 멀지 않은 곳까지 걸어갔다 오면서 짧은 데이트를 합니다.

많은 말이 필요하진 않습니다.

손을 꼭 잡는 것으로 많은 이야기를 대신합니다.

3박 4일간 선생님과 뒹굴었던 흔적들을…….

집에 가서 가족들이 둘러앉아

액자에 들어 있는 사진을 보며 좋아할 모습이 눈에 선했습니다.

2004년 양보면 여의마을

'기대'라는 것이 무엇인지
느껴보게 하고 싶었습니다.
그 '기대'의 건널목을
놓아주는 것이
짝꿍 선생님이 할 일입니다.

마치면서

꿈이란,

발은 땅에 디뎠으나

눈은 하늘을 바라는 것입니다.

또 꿈이란,

오늘의 이상을 내일의 현실로 바꾸는 것입니다.

꿈꾸지 않으면 성취할 수 없습니다.

아무리 어려운 일이라도

꿈꾸는 데서부터 시작합니다.

저는 오늘의 어려움을

꿈이 있다는 이유로 애써 잊으려 하기보다는,

꿈이라는 것 자체가

오늘의 어려움과 양립할 수밖에 없는 것이라 여깁니다.

꿈을 가지면 어려움도 함께 갖는 것이고

그것은 지극히 당연한 것입니다.

결국 꿈의 성취 여부는 그 꿈의 주인이 누구이냐에 달려 있습니다.

이것이 잠시 잠깐의 불가능을 이유로 꿈을

포기할 수는 없는 이유입니다.

더 험하고 버거운 곳에서 섬김을 만들어내고 있는 분들 앞에

우리의 섬김은 부끄럽고 보잘것없습니다.